神様が教えてくれた縁結びのはなし

直接きいてわかった良縁あれこれ

桜井識子

幻冬舎

神様が教えてくれた縁結びのはなし

直接きいてわかった良縁あれこれ

桜井識子

はじめに

この本を手に取っていただき、ありがとうございます。本書は「縁」がテーマとなっています。縁といっても縁結びだけに特化した内容ではなくて、神仏とのご縁、運との縁を作る縁起物、物件との縁、過去世と縁を結ぶことなども書いています。

ここで、私の本を初めて読まれるという方に少し自己紹介をしておきます。プロフィールにも書いておりますように、私は霊能力のある家系に生まれました。それにより、幼い頃から神仏に深くふれて育ちました。大人になってからも地道に修行を重ねたため、常に神仏の姿が見えるようになり、声を聞くこともできるようになりました。

神様はどこか遠いところにいて、そこにじっとしている、そこから人間を見おろしているとお考えの方がいらっしゃるかもしれませんが、そうではありません。もっともっと身近な存在なのです。

面白い冗談を言う神様もいますし、ゲラゲラと大笑いをする神様もいます。どの神様も驚くほど親身になって人間を守ってくれて、良い方向に導いてもくれます。

神様との距離は人間が考えているよりも近いのです。その距離感を本書で知っていただければと思います。

話を縁結びに戻しまして、今回、台湾に縁結び専門の神様がいると聞いて、お会いしに行きました。そのお方は月下老人という、私の言葉で言えば「仏様」でしたが、噂どおり縁結びを専門に叶えている仏様でした。

陽気な仏様でよく笑い、運命の人とは本当に赤い糸で繋《つな》がっていることを教えてくれましたし、その赤い糸も見せてもらいました。月下老人は相手が決まっていない人には相手を探して、赤い糸を結ぶ……ということもなさっているそうです。それで赤い糸を手に持っています。

台北には月下老人があちこちにおられ、私だったらこの月下老人にお願いするな〜という、とっておきの場所も見つけました。

神田明神の平将門さん神様にも、運命の人と出会うための重要なポイントを聞いています。その秘訣は他の願掛けにも使えるものですから、ぜひ読んでいただきたいです。

運を呼ぶ縁起物についてもいろいろと書いています。神社仏閣に行って、神仏にご縁をいただき、さらにそのうえに小さくてもいいので運を味方につけると、人生は順風満帆と言ってもいいくらいうまく進んでいきます。

置物だったり絵馬だったり飾り物だったりする縁起物ですが、実はその力はすごいのです。これを利用しない手はありません。

過去世もうまく使えば良い影響を受けられますし、物件に関しては良くない物件と縁を結ばないことが大切です。

見えない世界のこの「縁」は、人間が自分であれこれ扱えるものではありません。「運」もそうです。ですから、それをうまく自分と結びつけるコツを知るのは大事なことだと言えます。

縁も運も手に入れて、読者の皆様の人生がもっともっと良い方向に輝くといいなと思います。その部分で役にたつ1冊となりますようにと心から祈念致します。

桜井識子

神様が教えてくれた縁結びのはなし　目次

第2章

台湾の神様に聞いた、赤い糸の秘密

第3章

縁起物で運あつめ

第5章 過去世を今世に活かす

第1章

縁結びのしくみ

神様に良縁を結んでもらう

「結婚したいです」だけでは叶いづらい

縁結びは言葉からもおわかりのように、縁という見えないものを神様に〝結んでもらう〟ことです。この広い地球という世界で、最高の相手（良縁）を全人類の中から自分で探すことはできませんし、その縁を結ぶこともできません。友人、知人、親戚に縁を持ってきてもらう（紹介してもらう）ことはあっても、人間にその縁を結んでもらうことはできないのです。人間にはできないことだから、神様にしてもらうわけです。

つまり、神様に上手にお願いをして、良い縁を探してもらい、その良縁を自分とガッチリ結んでもらえば人生は変わるということです。

そこで大切なのが、どのようにお願いをするか、です。

多くの人は神社に行って、お賽銭を入れ、鈴をガラガラと鳴らし、二礼二拍手をして、「彼氏（彼女）がほしいです」とか、「結婚したいです」とか、「良縁に恵まれますように」と言い、一礼して終わり……ではないでしょうか。

これは省略しすぎのお願いの仕方です。神様からすれば、その人にピッタリ合った相手を探そうとしても情報が少ないので困ります。もっと詳しく自分のことを語ってもらわないと相手を探しようがないのだが……ということで願掛けが保留になることもあります。

縁結びの願掛けには詳しい自己紹介が必須です。自分はどこに住んでいる誰なのか、どのような仕事をしているのか、どのような相手と出会いたいのか、相手に望むことはなんなのかを神様に伝える……ここまではなんとなくおわかりになると思います。

さらに、自分の長所や短所も言っておくといいです。気が短いことが欠点だな〜と思っているのなら、そこを言っておくと、のんびりおっとりしたイライラしない人を探してくれます。いくら相手のことが大好きでも、お互い気が短かったら無駄なケンカをしょっちゅうするわけで、毎日が殺伐としたものになるかもしれません。

片付けが苦手なことを黙っていたら、清潔好きな相手と結ばれてしまうこともあります。

そうなると、相手はピカピカのキレイ好きですから、お互いがストレスをためてケンカが増えます。それがエスカレートしていって感情が爆発し、別れることになるかもしれないのです。片付けが苦手だとひとこと言っておけば、少々掃除をしなくても気にしない人が相手に選ばれます。

結婚してもお金は別々に管理したいという方も事前に神様に伝えておいたほうがいいと思いますし、親戚付き合いを結婚後も大事にしたい、という方も先に言っておいたほうがいいです。そこにストレスを感じない人を探してくれます。

異性の友達がいることを認めてほしいという、あとあとトラブルになりそうなことは大事なので、こちらも神様に初めに伝えておきます。過去にどんな人と付き合って、何が原因で別れたのか……なども詳しく説明しておくことがおすすめです。

このように、神様にはたくさんのことをしっかりとお話しします。自分という人物を正しく知ってもらわなければ、最高に相性の良い相手を見つけてもらえないからです。願掛けの仕方は縁結びにおいて非常に重要なところなのです。

神様に強くアピールできる願掛けの方法

縁結びをお願いする〝理由〟を伝える際は、注意が必要です。おひとりさまが寂しい、だからパートナーがほしい……という理由でも、かまわないと言えばそうなのですが、叶えてもらいやすいのは「人生」の願掛けとしての祈願です。

適齢期なのに相手がいなくてカッコ悪いから相手を見つけてほしいとか、恋人がいる、もしくは結婚した友人や同僚に負けたくないとか、まわりから不憫に思われるのが我慢できない、などの理由で願掛けをするのはちょっと違うのです。

自分に合ったパートナーを得ると、おひとりさまだったこれまでの人生とは違った形で彩りのある人生になります。パートナーと一緒に笑ったり泣いたりすれば、楽しいことは倍になり悲しみは半分になります。つらい時に支えてもらえるし、相手が落ち込んだ時には支えてあげることもできます。

「今とは違った形の豊かな人生にしたいんです」というふうに、自分の「人生」のお願いとして真剣に願掛けをすると叶えてもらいやすいです。

「彼氏（彼女）が見つかりますように」というひとことだけのお願いだったら、「まだ、そこまで真剣ではないのだな」という印象を神様に与えてしまい、もっと真剣にお願いをする人から先に縁結びをされてしまいます。わざわざ願掛けに行くのですから、どれだけ本気なのかということを知ってもらったほうがいいです。

願掛けは１ヶ所の神社限定という決まりはありません。同じ願掛けを複数の神社でしてもまったく問題ないのです。最初に願掛けをした神様に失礼ということはないばかりか、あちこちで同じ願掛けをするとそのお願いに必死であることが神様に伝わります。「そこまで必死ならワシが叶えてやろう」と、逆に良いほうに効果があるように思います。

縁結びに強い神社

お願いの仕方がしっかりとわかったところで、次はどこに願掛けに行くか、です。多くの縁結びの神社があるので、どこがいいのか悩まれる方もいらっしゃるのではないでしょうか。

縁結び……と言っても、神社によって微妙に叶える方向や、叶え方が違います。縁結びにごりやくありと言われている神社でも叶う結果は同じではないのです。

大阪府にある住吉大社の境内社「侍者社《おもとしゃ》」の神様は、今世ではソウルメイトと出会わない、と生まれる前に決めてきた人（パートナーに関して白紙状態の人）に、新たな縁をどこかから〝探して〟持ってくることは難しいと言っていました。

この神様は相手を探すことは得意ではないのです。しかし、「あの人とお付き合いしたいです」という、意中の人がすでにいる場合はなんとかしてくれます。夫婦円満、恋人円満という方面がお得意な神様です。

東京都にある「東京大神宮」はその人の魅力を見えない世界で輝くようにしてくれます。人を惹きつける、相手に気に入ってもらう、というのは見えない世界でのその人の磁力です。その磁力を強くしてくれるわけです。魅力が増すので恋愛がうまくいきやすくなります。

京都府の「安井《やすい》金比羅《こんぴら》宮《ぐう》」はまず良くない縁を切ってくれます。ここは縁切り神社として有名で、縁切りをお願いする人は自分が切ってもらいたい縁を申告して切ってもらいます。なかなか良縁に恵まれないという人は、縁結びを邪魔しているものを切ってもらうことができます。身にからまっている良くないものをサッパリとクリアにしてもらって、それから新たに縁結びをお願いするのも上手な願掛けと言えます。

　平安時代から縁結び専門でお仕事をしていて、この道のプロと言えるのが、京都府の上《かみ》賀茂《がも》神社の境内社「片岡社《かたおかのやしろ》」です。仕事の縁も結んでくれる神様がおられます。

　大分県の「火男火売《ほのおほのめ》神社」は眷属《けんぞく》の鹿が縁結び専門で、積極的に願掛けを叶えに行ってくれますし、群馬県の「一之宮貫前《ぬきさき》神社」の神様は、人と人が出会ってそこから協力して人生を形作っていくという、喜びに満ちた慶事が大好きだという理由で縁結びをされています。

　静岡県の「富士山本宮浅間《ほんぐうせんげん》大社」は、里で暮らす人々のために富士山で修行をした神様がたくさんおられる神社です。生まれる前に「この人生では絶対に結婚はしない！　おひとりさまで生きる！」と強く決意している人もいて、しかし本人はそのことを忘れていますから、「結婚したいです」と願掛けをすることもあります。このような難しい縁結びを成就させるためには、まず本人の人生計画を変えなければなりません。それができるのは山岳系神様です。

　山岳系神様とは山の上にいる神様で、山のふもとや中腹、山頂にある神社はこの神様の可能性が高く、奥宮が高い山の頂にあるという神社はほぼこの神様だと思って間違いありません。地上にいる神様より神格が高いため力が強く、さらに上の神々に交渉しに行くことができます。

富士山本宮浅間大社の神様方は山岳系神様である富士山の神様に、生まれる前に自分で決めた人生計画（おひとりさまで生きる）に反する願掛け（良縁に恵まれたい）を持って行くことができます。富士山の神様はその計画を変えることができますし、ついでに良い相手を探してくることもできます。よって縁結びに強いというわけです。

「ソウルメイト＝理想の恋愛相手」の誤解

ソウルメイトは1人だけではなく複数いる

前述しましたように、ソウルメイトと出会うことをしっかり計画して生まれてきた人もいれば、パートナーについては白紙の状態で生まれてきた人もいます。あらかじめソウルメイトと約束をしている人は人生のどこかで出会います。

ここでソウルメイトとはなんなのか、どのような関係なのかを先に説明しようと思います。

実はソウルメイトは人生のパートナーだけを言うのではありません。愛し愛されるたった1人だけを指す言葉ではないのです。

見えない世界ではソウルメイトは自分が属するグループの仲間たちです。このグループは霊格で構成されていますから、同じ霊格の仲間ということになります。自分があちらの世界でともに過ごすグループの人全員が、ソウルメイトなのです。

ソウルメイトとは励まし合い、助け合って、魂の進化の道をともに歩んでいます。人間界ではたとえるものがないくらい非常に固い絆で結ばれていて、どのソウルメイトとの間にも深い信頼と愛（男女間の愛よりももっと濃く大きなものです）が満ちています。

本来の関係は「仲間」ですから、同じ時代に生まれても恋愛関係になるとは限りません。こちらの世界でも仲間として助け合うことがありますし、異性ではなく同性に生まれることもよくあるのです。

世界を大きく動かしたい、社会をもっと良い方向に変えたい、発展させたい、社会貢献をしたい、最高のエンターテインメントを提供したいなど、何かを成し遂げたいという時に、同じ時代に生まれます。

そのような目的の場合は2人でコンビを組んだり、3名や4名で活動をしたりします。同じ会社で働く、共同で起業する、という会社組織で協力するパターンもあれば、歌手と作曲家とか、政治家と秘書とか、映画監督と脚本家とか、そのようなお互いを高め合う関係で、良い作品を作ったり良い仕事をしたりすることもあります。

人生のパートナーではない場合は、いくら男女に分かれて生まれていても、恋愛関係になることはありません。ソウルメイトだから必ず恋に落ちる、必ず相手に好意を持つ、とは限らないのです。

共同で大きなことを成すのが目的ですから、恋愛は予定していないケースがほとんどです。関係がぎくしゃくすることを避けるため、そのような感情を持たないようあらかじめ約束しているからです。

ソウルメイトは基本形が仲間ですから、このように仕事方面でともに頑張るという人が少なくなく、出会って目的を達成したら、そこから先は二度と会わないことも普通にあります。

相手がソウルメイトであっても別れることはある

人生にはつらく苦しいことがたくさんあります。常にそばで支えてくれるパートナーは信頼できる、安心して寄り添えるソウルメイトがいい……ということで、ソウルメイトを生涯の伴侶に選ぶ人も多いです。

見えない世界にいた時の、魂の存在のままであれば、ソウルメイトとケンカをすることは絶対にありません。けれど、人間として生きているこの世ではケンカもしますし、お互いに不満もあったりして、ブーブーと文句を言ったりもします。ソウルメイトだからといって、相手のすべてが好き、死ぬまでずーっと仲良しというわけではないのです。

結婚をした相手は必ずソウルメイトなのかというと、そうではないこともよくあります。人間は近場の人と勢いで結婚することもあるからです。逆に、離婚をした相手はソウルメイトじゃなかったのかというと、こちらもそうとも限りません。複雑な計画を立てている人もいますから、「結婚して仲睦まじく暮らす」という形ばかりではないのです。

ソウルメイトとパートナーとしてともに人生を歩むかどうかは、生まれる前に決めています。いつどこで出会うのかも、打ち合わせ済みです。

適齢期に会うとは限らず、やや遅めに計画していたり、高齢になってから恋に落ちるよう設定しているケースもあります。違う人と結婚をして、離婚をしたのちに出会う予定の人もいます。出会うと決めていたら、違う国に生まれても、年齢が大きく離れていてもちゃんと出会いますし、そこから恋に落ちます。

まれにですが、アクシデントがあって会うのが遅れるということがあります。たとえば、相手が予定外の心の病気になっているというケースです。出会う時期に静養をしていれば出会いが遅れます。離婚をしてから出会うという計画なのに、なかなか相手が別れてくれないということもあります。

このような場合、計画していた時期、約束をした場所では会えないわけです。なかなかソウルメイトと出会わないという人は、自分の相手がそのような状態なのだろうか、すれ違ったままで人生を終えるのだろうか……と不安に思うかもしれませんが、心配はいりません。

〝赤い糸で結ばれている〟は本当だった

運命の相手とは赤い糸で結ばれているという伝説を聞いたことがあると思います。おとぎ話のようで、ロマンチックだな～とは思いますが、私は信じていませんでした。運命の相手であるソウルメイトはいても、赤い糸でわざわざ結ばれてはいないだろうと思っていたのです。同じように考えている方は他にもいらっしゃるのではないでしょうか。

実は、本当に赤い糸で結ばれているそうです。この赤い糸にはコンディションがあって、糸の状態は人それぞれです。計画通りに出会えれば問題ありませんが、何かのアクシデントがあって出会いが遅れると糸が傷むそうです。

人によっては細くなったり、弱くなったり、もろもろになったりしています。この赤い糸は自分で引っ張らなければいけないため、そのように傷んだ糸だと力を入れて引っ張れないということで、月下老人がメンテナンスをしていると言っていました（月下老人の詳しいお話は第2章に書いています）。

相手と出会うのが遅いな～、まだかな？　と思ったら、月下老人のところに行って糸のメンテナンスをしてもらい（日本の神仏もお願いをすればしてくれます）、あとは自分で糸を引っ張る（相手を引き寄せる）だけです。もともと繋がっているのですから、引き寄せれば相手と出会います。

具体的にどうするのかと言いますと、「引く」という意識を持ちます。全身で引き寄せる感じ、自分が磁石になって引きつける感じ、このような「意識」を持てばいいのです。ここ、非常に重要なポイントです。

多くの女性（もしかしたら男性もそうかもしれませんが）は、無意識に出会いを「待っている」のではないでしょうか。いつかその時が「来る」と考えている、相手が現れてくれるのをひたすら「待つ」……そのような受け身の状態ではないかと思います。

このように消極的な姿勢でただじっと待っているだけだと、アクシデントや複雑な事情があった時に出会いが必要以上に遅れます。待つのではなく、自分が引く……相手にアクシデントがあってもなんのその、引っ張ってたぐり寄せるくらいの意識を持っていると、本当に赤い糸に引っ張られて現れます。

「相手を引っ張る」と意識する時に、必ずしも赤い糸を想像しなくてもいいのですが、想像するとやりやすいです。手で相手をつかんで引っ張ろうにも手はまだ届かないわけですから、繋がっている糸を思うと意識が強まります。

赤い糸は、すでに繋がっている「絆」を具現化したものです。そしてこれは神仏が、その人に生まれる前から決まった相手がいるかどうかを見る時にも利用しているそうです。

重ねて言いますが、ソウルメイトに何か事情があって出会いが遅れているのかも？　という時は、引っ張る意識を持つことが大事なのです。

輪廻メイトとは

良くも悪くも関係の深い相手

ソウルメイトと出会わない人は、おひとりさまをエンジョイする人生だったり、新しい縁を探すことにチャレンジする人生だったりします。

その新しい縁とはなんなのか……ということで、次に説明をするのが輪廻《りんね》メイトについてです。

聞いたことがなくて戸惑う方がいらっしゃるかもしれませんが、「輪廻メイト」は、私の造語です。ですから初耳だという方も多いと思います。一般に浸透していない言葉ですが、見えない世界での別の仲間を表しています。

ソウルメイトと区別がつきにくいこの輪廻メイトは、ソウルメイトほど強い絆、信頼、愛情はありません。霊格が同じではないので、あちらの世界でのグループももちろん違います。見えない世界で魂の進化の道をともに歩む仲間ではないのです。

しかし、さまざまな理由によって、同じ時期に同じ場所に生まれることが多い人たちです。関係性の強さは人によって違いますから、そこそこ強い関係の人もいますし、あっさりとした希薄な関係の人もいます。全員が均一の距離ではないのです。ですから、中にはソウルメイトなみに関係が濃い人もいます。ただし、同じ相手でも関わりの強弱は転生によって違います。

輪廻メイトはソウルメイトのように、どの人と会っても必ず良い関係になるというわけではありません。良い意味でも悪い意味でも関係がある人のことを言うのです。

私の場合、最初に結婚をした人は輪廻メイトです。過去世で彼が伯父で私が甥だったことがありますし、彼が妻だった人生もあります。私が遊んで捨てた女性だったこともあれば、大変仲の良い姉だったこともあります。

両親も輪廻メイトです。母はバイキングの過去世では恰幅の良い、肝の据わった父親でした。父はヨーロッパの過去世でも優しい父親でした。息子はちょっと複雑で、輪廻メイトよりももっと深い関係です。私が初めて（1回しかしていないかもしれません）守護霊をした時に守ってあげた、大人になる前に亡くなった男の子なのです（ちなみに守護霊は特別な人がする仕事ではなく誰にでもできます。詳しくは『死んだらどうなるの？』という本に書いていています）。

輪廻メイトは毎回一緒に生まれるのではなく、たまに人生をともにするという間柄です。過去世でもらった恩があるからそれを返す、逆に過去世で傷つけられたからその償いをしてもらう、一緒に過ごした過去世がとても楽しかったから今回も一緒に笑ったり喜んだりしたいなど、カジュアルな感覚での関わりです。

カルマの解消のために同じ時代に生まれるパターンもあります。前回、エジプトのファラオで奴隷に厳しかった人は、次の転生ではその奴隷がものすごく厳しい上司に生まれ変わっていたりするのです。

過去世で関係がうまくいかなかった人がいたら、その人と兄弟として生まれることもあります。兄弟なのにどうして仲良くできないのだろう？　という場合は、カルマの解消のためかもしれません。このように輪廻メイトは良い関係の人も悪い関係の人もいるのです。

ソウルメイトと出会うには

ビビビーッとこなくても大丈夫

世間でよく言うようにビビビーッとお互いに電気が走って、「この人だ！」とすぐにわかる、出会った瞬間から激しく恋に落ちる、それがソウルメイトとの出会いだと思っている方は多いのではないでしょうか。出会った時に相手がソウルメイトだと気づかなかったらどうしよう……と、心配されている方もいます。

実際は、出会った時にそこまで劇的な体験をする人はそんなにいないようですが、2人のうちのどちらか一方が、強烈に相手に惹かれるということはあります。押しが強いほうにその現象が現れるようです。

たとえば、私と元夫（2回目の結婚をした相手です。現在は婚姻を解消していますが、人生のパートナーとして今でも仲良しで、ブログや書籍に時々登場しています）の場合は、元夫のほうにインスピレーションがありました。

というのは、私たち2人には年齢差があるので、私にインスピレーションがあっても絶対に表に出さなかったと思います。離婚歴もある年上の私が……さらに小心者でビビりでもあるため、年下の男性にアタックするなんて傷つくことが怖くてできません。

けれど元夫のほうは自分にマイナスがありませんから、純粋にアタックをしてきて、断っても断っても押してきました。最後は根負けした形で付き合い始めたのです。そしてそのまま結婚しました。

このように押せる立場の人のほうにインスピレーションがなければ、たとえソウルメイトだったとしても一緒になるのは難しいのです。どちらに強い感情が現れるのかは生まれる前にちゃんと計画をしているので、恋愛に奥手な方でも心配はいりません。自分が押せない性格だったら、相手が押してきます。

最初に強い感情を持たなくても、気持ちはちゃんと恋愛へと進んでいきます。ソウルメイトでも熱烈に好きな状態から始まらないこともあるのです。これも人それぞれですから、どちらも穏やかな気持ちから始まるカップルもいます。

私も最初は燃えるような気持ちではありませんでした。いい人だな、と思う程度でした。年齢差と離婚歴でブレーキがかかっていますから、その時に「ソウルメイトだ」と神様に言われていたとしても、まったく信じなかった自信があります。

そんなに強烈に惹かれていないけれど、ゆっくりお付き合いをしているうちに、徐々に「好き」が強くなっていくというパターン、信頼が厚くなっていくというパターンもあるのです。激しい恋に落ちる人がいれば、穏やかに恋愛をする人もいます。

「いつもの場所」以外に出かけてみるのが出会うコツ

ソウルメイトとどこで出会うのか……も興味があるところだと思います。

私のイトコに女性は2人しかいませんが、どちらも国際結婚をしています。結婚をする少し前まで2人ともまったくそのような気配はありませんでした。

Aちゃんのほうは勤務先に、当時留学生だったダンナさんがバイトとして入ってきました。ダンナさんは7歳も年下だし、学生だったので、Aちゃんのほうに恋愛感情は湧かなかったのですが、それでも「真面目によく働く子だな」という良い印象はあったそうです。ダンナさんはAちゃんとは違って、熱烈な思いを抱いたらしく、Aちゃんにアタックしまくったそうです。それで付き合い始め、ダンナさんはよくしゃべる明るい性格なので、Aちゃんの母である私の叔母にもすぐに気に入ってもらえました。

そして、そのまま結婚をして、娘を授かり幸せに暮らしています。

Bちゃんはダンナさんの国に旅行に行きました。計画をした当初は別の国へ行く予定だったのですが、いろいろと事情が重なって急きょ行き先がダンナさんのいる国に変わったのです。さらに旅行中にアクシデントがあって、現地旅行会社が変更になり……変更となったその会社にダンナさんがいたのです。

旅行中に意気投合したBちゃんとダンナさんは、友達としてフェイスブックで交流を始め、それがいつしか恋愛に発展しました。Bちゃんは何回か休暇を取ってダンナさんに会いに行き、お互いの気持ちを確かめて……結婚に至ったのです。結婚を機にダンナさんは来日して、2人の息子にも恵まれ、幸せに暮らしています。

ソウルメイトとどこで出会うのかは、もちろん人それぞれです。でも、家や職場などいつも自分がいるところ以外に、ちょっと出かけてみるのも大切なことです。Bちゃんのように、海外旅行が好きだから友達と一緒に行こう、でもいいのです。

Ａちゃんのほうは日本に留学をするという行動をダンナさんのほうが起こしています。どちらか一方がどこかに出かけてみる、行動をしてみる……それが出会いの場になるというパターンが多いです。

なかなか出会わないな〜、という方はちょっと気分転換のつもりで出かけてみる、何かの集まりに参加してみる、趣味のサークルに入ってみるというのもひとつの方法です。そこから思いがけなく赤い糸の相手へと繋がるかもしれません。

交際するかどうかは魅力ではなく「縁」の問題

出会いがない、婚活をしてもなかなかいい人と巡り会えない、いいなと思う人がいても向こうにその気がない……ということもあるかと思います。このようなことが続くと、自信をなくしたり、暗い気持ちになったりするでしょうが、これは本人に原因があるのではありません。

自分に魅力がないからだとものすごく落ち込んでいる方からメッセージをもらったこと

がありますが、違うのです。

「縁」の問題です。縁がない人とはくっついたりしませんから、いいなと思う相手が、こちらに好意を持っていたとしても……縁がなければ交際には発展しません。仕方がないことなのです。

ソウルメイトと出会わない人生を選択している人は、この人生で新しい縁を探します。新しい縁を結ぶ人とは、お互いの魂がＯＫと承諾し合わなければ話は進みません。相手には待っているソウルメイトがいるかもしれず、もしそうだとしたら、今はフリーでもその気になってもらえません。

それはこちらのことが嫌いだからではなく、魅力がないと思っているからでもなく、「なんとなくこの人じゃないような気がする……」と相手の魂がわかっているからです。魂が交際することにブレーキをかけているのです（守護霊が止めていることもあります）。

こういう場合、こちらの魂にブレーキがかからず好きになってしまうのは、ソウルメイトを探す人生だから、という可能性が高いのです。自分に約束した相手がいないからですね。もしくはソウルメイトとは高齢で出会う予定なので、それまでは別のパートナーと過ごしてみようという計画の人です。

ということを考えると、人間の力で新しい縁を探すことはかなり困難です。待っているソウルメイトがいない人で、好みのタイプの人をうまく探し出すことは……至難のわざではないでしょうか。

力のある神様は世界じゅうに相手を探しに行ってくれる

そこでおすすめなのが、神様にお願いをするという方法です。新しく結ぶ縁は今世限りで終わるものではありません。来世以降も続くものなのです。つまり、縁を結んだ相手は輪廻メイトになる可能性があるわけです。だとしたら、ここは慎重に相手を選びたいところです。

長野県の「穂《ほ》高《たか》神社」の奥宮がある上高地で、神様に縁結びについて聞いたことがあります。神様に縁結びをお願いしたらどのように探して下さるのでしょうか、と。もちろん、ソウルメイトと約束をしていない人の場合です。

神様が言うには、祈願したその本人とピッタリ合う人をわざわざ探しに行くそうです。けれど、神様によって探せる範囲というものがあり、たとえば氏神様だったら近隣の村や町という狭い地域になります。神様の規模というか、力というか、神格などで探せる範囲に限界があるのです。

「ということは、国際結婚をした人は皆さんソウルメイトなのでしょうか？」

国際結婚はソウルメイトや輪廻メイトが多いとのお答えでした。事前に約束をしているパターンです。

では、約束をしていなければ国際結婚はできないのかというと、そうではありません。アメリカの人と結婚したいです、と願掛けをするのもアリだそうです。叶える力を持った神様がその願いを叶えてもいいと思えば、アメリカまで探しに行く、と言っていました。

ソウルメイトや輪廻メイトとの約束はない、さらに神様にお願いもしないという人は、近くにいる人とくっつく傾向にあるそうです。それも悪いことではないのですが、それが嫌だという人は「願いに来るとよい」とのことです。近くに良い異性がいないという人も祈願するといいそうです。

そこでちょっと思いついたことを聞いてみました。

「神様のところには女性だけでなく、男性も縁結びの祈願に来ると思います。ということは、その男性をキープしておいて、お願いに来た女性と結びつけるとかはアリなのですか？」

「そんな安易なことはしない」

やっぱりそうか〜、と納得です。大事な縁を結ぶわけですから、適当に組み合わせるのではなく、ちゃんとその人に合った人を探してくれるのです。手を尽くして探すそうで、縁結びは神様も本気で取り組んで下さるのだなと思いました。

神田明神で聞いた、願いを叶える方法

夢物語は現実化しにくい

縁結びについてまだまだ疑問があった私は、平将門さんに教えてもらうために神田明神に行きました。２０１９年の11月のことです。

知りたかったことというのは、パートナーがほしいと思いつつもおひとりさまで一生を終えた人がいたとして、その人が人生のどこかで、「何か」をしていたら人生は変わっていたのか？　パートナーと巡り会っていたのか？　ということです。

日常生活の積み重ねである人生ですが、何かちょっとしたことでターニングポイントが作れなかったのか、パートナーに出会いたい人は人生のどこかで何かやるべきことがあったのか、それをしていたら望む人生になっていたのか……など、そこを知りたいと思いました。

将門さんは黙って私の話を聞いていて、

「夢物語にしないことだ」

と教えてくれました。どういうことかと言いますと、「パートナーと出会って幸せになる」という希望を夢物語にしない、ということです。

たとえば、こういう人と出会えたらいいなと考える時に、アニメや映画、小説の登場人物のような非現実的なイメージで想像することは、出会いを夢物語にする可能性があります。相手を白馬に乗った王子様のように考えたり、大好きな芸能人のような感覚でとらえたりすると、夢物語になってしまうかもしれないのです。

結婚生活にしても、北欧風のオシャレな家に住んで、インテリアはこうして、ロッキングチェアに大好きな人が座っていて、暖炉の前で読書をしている私を優しく見つめている……というふうに、なんと言いますか、現実にはありえないようなバーチャルな世界を創造する、仮想的世界を作ると夢物語になってしまいます。

想像する内容に問題があるのではなく、その時の〝気持ち〟が夢物語にしてしまうのです。現実にはない、夢の世界に憧れる……そういう気持ちだからです。自分で出会いや結婚をおとぎ話にしてしまうので、非常に現実化しにくくなるわけです。

将門さんは「宝くじもそうだ」と言います。10億円当たったら会社を辞めて、豪華な家を買って、ハワイに1ヶ月ほど旅行に行って……と想像している、その気持ちが思いっきり「夢の世界に憧れている」というものになっています。

10億円当たることを無意識のうちに仮想的な、想像上の世界の出来事として自分の中に置いているわけです。夢の世界に憧れるということは、高額当せんが現実ではなく夢である、ということになります。自分で夢物語にしているため、現実化されにくいと言っていました。

「妊娠もそうだったのではないか？」

「え？　あっ！　そうですね、そうかもしれません！」

子どもがほしいと願っていた時は、子どもが生まれたらこうしてああして……と心の中でストーリーを作り、そうなったらどんなに幸せだろう、どんなに楽しいだろうと夢物語にしていた部分が、私にはたしかにありました。

不妊治療の詳細を聞いて、「これは無理」とあっさり諦めたので、そこからは夢物語をまったく見なくなりました。子どもがいない人生をどう生きるか、ということを真剣に考え始めたら……妊娠したのです。

将門さんは、腹をくくることも大事である、と言っていました。戦ではそういう人が勝つそうです。

おひとりさまでもいいやと腹をくくる……そうするとマンションを買おうとか、資産のこととか、趣味を大切にしようなど、考えることがたくさん出てきます。すると、夢見ることをしなくなるので、現実化しやすくなるというわけです。スパッと割り切って「おひとりさまで生きていくわ〜」と腹をくくると、逆に効果があって出会えるそうです。

ソウルメイトと出会う時期は生まれる前に決めています。55歳で出会う、という計画だったら、それまで会うことはありません。神様にお願いをして時期を早めてもらうことはできないのかと言いますと、本人たちが決めたことが最優先ですから、基本的には余計な手出しはしないそうです。

そこをなんとか……という方は、願掛けをする神社を山岳系にして、お願いの仕方を工夫するといいです。台湾の月下老人からは、出会う時期が〝まれ〟にですが早まる方法を聞いています（第2章に書いています）。

第2章

台湾の神様に聞いた、赤い糸の秘密

台湾には縁結びで有名な神様がいるらしい

距離的にも金銭的にも行きやすい海外

台湾は人気のある旅行先です。でも、私はまだ行ったことがありませんでした。関西に住んでいた頃は周囲にも台湾に行ったことがある人がいなかったのですが、東京では「何回も行きましたよ～」という人が多いことに驚きました。それも女性が多いのです。台湾はきっと、安全で旅行しやすいところなのだろうな、ということは思いました。しかし、なかなか行く機会はありませんでした。

　2019年、幻冬舎の担当者さんとお会いした時のことです。「新刊のテーマは『縁』でお願いできますか」と言われ、その瞬間に「縁と言えば……」と一番に頭に浮かんだのが、台湾でした。たしか……縁結びで有名な神様がいるって聞いたことがある、と思ったのです。

日本で縁結びが有名なのは出雲大社ですが、実際には縁結びに特化した神様ではありません。願掛けはオールマイティです。出雲大社の神様は力が非常に強いので、縁結びはもちろんのこと、出世も開運も健康も、なんでも叶えてくれるのです。

しかし、台湾のその神様は聞くところによると、「縁結び」だけにものすごくごりやくがあるらしく、日本からも参拝に行く人がいるというのです。海を越えてはるばる日本にまで情報が届いているのですから、かなり期待できます。「これは取材に行くべきなのではっ！」と、打ち合わせが始まったばかりなのに、もうそこで即座に行くことを決意しました。

帰宅して調べてみたら、羽田から台湾の台北への飛行時間は、なんと！　約4時間です。石垣島へ飛ぶ時間にたった30分ほど足しただけなのです。私は与《よ》那《な》国《ぐに》島にも行ったことがありますが、台湾は本当にすぐそこ、という感じでした。

さらに航空運賃もアメリカやヨーロッパに比べると「ひゃっほぅ！」と、バンザイして喜んでしまうほどのお安さです。ＬＣＣも飛んでいますから、ビックリするような価格で行けるのです。

各旅行会社主催のフリープラン（航空券とホテルのセットです）も充実しています。航空会社、宿泊日数、ホテルのグレード、宿泊する地域など、希望と一致するプランがたくさんあるのです。

ＬＣＣの飛行機を選べば、2泊3日の旅行でも2万円しない（！）というお値段です（2020年2月現在です。お値段設定は2名1室というのがほとんどですから、1人旅の場合はこのお値段に1人部屋追加料金がかかります）。個人旅行で航空券とホテルを自分で予約してもそんなに高額ではありません。

台湾は距離的にも金銭的にも行きやすい海外だったのです。

私がご紹介した神社仏閣、教会をご自分でもまわられている、それが生きがいであるとおっしゃる方が少なからずおられますので、この章ではガイドブックも兼ねた台湾の神様のご案内をしたいと思います。

台風直撃で4時間遅れの離陸

さて、どこから書こうかな、と悩みました。台湾のここに行きました、神様はこんな感じでした、こう言いました、はい、終わりです、という箇条書きのような書き方では、伝わらない部分が多くあるように思います。旅の面白さも含めて台湾の良さをお伝えしたいので、出発のところから書くことにしました。

出発日は2019年の9月9日でした。そうです、台風15号が関東を襲った日です。

数日前から「非常に強い」台風だと報道されており、「電車が止まるな〜」と思った私は羽田空港近くのホテルに前泊しました。前日に航空会社から、飛行機はこの時間に飛びますからね〜と、定刻の約2時間半後の新しい出発時刻がメールで送られてきて、欠航ではないんだなとホッとしました。

出発当日、未明に台風直撃を受け、朝は早めにチェックアウトをしました。電車が止まっていたのでホテルから空港までのシャトルバスを利用したのですが、ぎゅうぎゅうの満員状態でした。

羽田空港への道はものすごぉーーーく渋滞していて、普段は10分で到着するところが50分かかりました。バスから降りて、急いでチェックインをして、手荷物預けの列に並んだのですが……。結果から言うと、ここに1時間40分並びました。

早朝出発の飛行機が全部同じような時間に変更されたからなのか、電車が動いていないし渋滞もすごかったので出勤できない職員が多く、人手が足りないのか、列がまったく進まないのです。ファーストクラス、ビジネスクラス、プレミアムエコノミーのカウンターは、たまに4〜5人並んでいましたが、すぐにはけていって、誰も並んでいないという状態になっていました。エコノミーはこういう時につらいのね〜、としみじみ思いました。

列は少しずつしか進まないのに、搭乗時刻はどんどん迫ってきます。時間がさらに変更されたというアナウンスはないし、「乗れるのだろうか？」と思っていたら、近くにいたおじさんが職員に質問をしてくれました。

「〇〇便だけど、ここに並んでいて大丈夫なの？」

「今は並んでいて下さい」

「必ず乗れるの？」

「必ず乗れますから」

必ず乗れるんだったら、焦らなくてもいいんだな、とそのままおとなしく待ちました。

するとあっけなく出発時刻になってしまい、今度は家族連れの母親が別の職員に同じ質問をしました。職員もイライラしているので「今は並んでいて下さい！　乗れますから！」と言い、そうこうしているうちにエコノミー用の3つのカウンターのひとつが閉じられて別の航空会社のカウンターになりました。

飛行機に乗れなかったとしても、台湾は近いしまた今度でいっか、となかば諦めていると私の順番が来ました。しかし、私の乗る便の出発時刻はすでに10分過ぎています。対応した職員は「少しお待ち下さい」と言い、どこか遠くまで確認に行って、やっとスーツケースを預けることができました。

次は保安検査場です。これがまた、ずらずらずらら～っと驚くほどの行列でした（泣）。結果から言うと、35分並びました。

やっと私の前の家族連れ（母親と中学生～小学生の息子が3人の家族です）の順番になり、母親がeチケットの控えである紙のQRコードを機械に読ませると赤いランプがつきます。何回やってもそうなので、職員が人数分の紙を全部受け取って、別のQRコードを読ませましたが、すべてブーでした。

他の職員も駆け寄ってきて、そこで聞こえたのが「チェックインしていないんですよ」という言葉です。それを聞いた母親が「え？　でも、荷物は預けましたよ？」と言っていました。ひ～え～！　チェックインしていないのにスーツケースは預けられるんだ～、とそこにちょっと驚きました。

やっと私の番になり、搭乗券をスキャンしたら……赤いランプがペカペカと点灯して、「はい、あなたもブーですね」と機械に止められました。当然です、新しく変更されている出発時刻をすでに過ぎているからです。係員がまたしても確認に走り……ようやく通過できました。

出国手続きは機械化されており、顔認証でした。パスポートを伏せて置くと、機械が頭のてっぺんから下に向かってシャーッと動いて撮影します。はい、ＯＫ、即ゲートオープン、で早いのなんのって、「え？　もういいの？」という感じでした。3分もかからず通過できました。

結局、定刻の約2時間半後になっていた出発時刻はさらに変更されていて、最初の出発時刻より4時間15分遅れての出発となっていました。

飛行機に乗り込んだ時点で肉体的にも精神的にもヨレヨレに疲れており、定刻だったらお昼に到着予定だったのが夕方に到着するので、半日損するんだな〜ということも思いました。でも、ほぼ満席だったのに私の隣は空席だったため、ゆっくりできて「ま、いっか〜」と上機嫌で行きました。

ようやく台湾に到着し、私は普通だったらどの国でも、空港からは電車やバスで市内へ出るのですが、ヘトヘトだったのでタクシーに乗りました。英語はまったく通じず、ホテルの名前も中国語読みでなければ理解してもらえないので、ガイドブックのマップを見せました。

このあと、台湾のあちこちで英語が通じない、もちろん日本語も通じない……という状況が何回もあったので、個人旅行をされる方は、漢字で書いたメモを持っておいたほうがスムーズにいくと思います。

暑さと原付バイクに驚いた初台湾

すごいな〜！　と思ったのは原付バイクの数です。多い、なんてもんじゃありません。時間帯によっては車よりもはるかに多く走っています。大勢の人が原付で走るため、音も半端なくすごいです。台湾で車の運転をするのは絶対に無理、と思いました。そういう意味では台湾のドライバーはすごいです。

街は派手な看板が多くてにぎやかな雰囲気があります。明るいです。看板を1つ1つ見ながら歩くと楽しくて、日本の企業が多いことにも驚きます。運送会社や回転寿司チェーン店、ファストフード店、カフェ、コンビニなども普通にあちらこちらに出店していますから、親近感が湧きます。なんだかホッとする〜、という気持ちにもなります。

ファミリーマートに入っておにぎりを買ってみましたが、中身がわからず苦労しました。商品に英語の表記がないのです。明太子っぽいのを買ってみたら、明太子のマヨネーズあえでした。カップ麺も日本のものがありました。

台北は近代的な街ですが、何本か通りを奥に入って行くと、古くからの屋台が軒を連ねているところがあります。そこには地元の人が何人もいて、普通に朝ご飯を食べていました。美味しそうだな、体験してみたいな、とは思いましたが、私はホテルで朝食をたっぷり食べてから行動するタイプなので、お腹がへっていなくて……参加するのは諦めました。

地下鉄にもバスにも乗りましたが、バスは乗車券を「乗車時」と「降車時」の両方、機械にかざすタイプと、「降車時」のみというタイプがありました。バス前面の上部に、行き先と「両方かざすんですよ〜」という文字が交互に表示されるのですが、イマイチわかりにくく、私はどのバスも乗った時にもかざしました。現地の人も同じようにしている人がいたので問題はないようです。

私が行ったのは9月上旬でしたが、暑さが日本の比ではありませんでした。少し歩いただけで、汗が滝のように流れるのです。顔からすごい量の汗が絶えず出ていて、これって大丈夫なん？　と本気で不安になったくらいです（笑）。真夏は倒れるかもしれません。

露店がたくさん出ている歩行者天国のようなエリアでも、原付が容赦なく走っています。バルバルバル！　といきなり横に来たりするので、注意が必要です。

現地の人はとても親切で、聞けばいろいろと教えてくれましたし、旅行しやすい都市だと思いました。今回は3泊4日しか時間が取れなかったので、台北だけの取材です。次回は台湾をぐるりと一周したいと思っています。

行天宮で関帝とおしゃべり

北京では見かけなかった手水舎を発見

台湾に到着したのは夕方でしたが、ホテルにチェックインをして荷物を置いても、外はまだ明るく、どこか１ヶ所なら観光できそうでした。ちなみに私は海外では暗くなったら外出はしません。

一時期、英会話学校に通っていたのですが、そこで海外で危険な目に遭ったことがあるという人からいろんな話を聞き、海外では用心してもしすぎることはないと学習したのです。何かあってからでは遅いので、１人旅の時は暗くなる前にホテルに戻るようにしています。

正殿前でお祈りをする人たち

9月の台湾は夕方でもサンサンと太陽が照っており、かなり遅くまで明るいので、その点でもお得感がありました。

とりあえず到着した日は「行天宮《シンテイエンコン》」に参拝しました。先入観を持ちたくなかったので下調べはせず、ガイドブックに書かれていた「ビジネスの神様」という知識だけで行きました。

大通りから門を入ると大きな建物（あとから気づいたのですが、建物ではなく囲いのようなものでした）があって、その横に水道で手を清める手《て》水舎《みずや》がありました。蛇口は10個くらいあり、「手を清める」という参拝の仕方にビックリです。たしか北京のお寺にはなかったので、日本式かな？　と思いました。

手を清めて建物の中に入ると、多くの参拝客がいます。囲いの中という感じの境内は、正殿（境内案内図に書いてあったのでこちらのお寺では本殿のことをこう書きます）があって、その前には日よけの屋根があり、そこで手を合わせるようになっています。膝をつくためのマットがいくつも設置されていて、人々は好きな場所から思い思いにお祈りをしていました。

魂を戻す儀式

屋根があるところの両脇には参拝客が長い列を作って並んでいます。「なんの行列なのだろう？」と思いましたが、並ばないと中央の手を合わせるところに行けないようにも見えたので、列の一番後ろに並びました。

行列はなかなか進まず、そこで観察をしていたら、並ばずとも中央には行けることと、自分が並んでいる列はお祓いのようなものを受けるためのもの、ということがわかりました。

お祓いは必要ではないので、どうしようかな〜と迷ったのですが、私の後ろにもずら〜っと人が並んでいるということは、このお祓いは地元の人にとって大切なものだということです。経験しておくべきである、と考えてそのまま列にとどまりました。

結局40分ほど並びました。お祓いをしてくれる人は青い服を着てマスクをしています。手には長い線香を持っていて、その線香の煙でお祓いをしてくれます。正殿の両脇でしていて、左右3名ずついました。

あとから調べてわかったのですが、これは日本人が考えるようなお祓いではなく、魂を戻す、というものらしいです。人間は驚いたり、ショックを受けたりすると、その時に体から魂がちょっと抜けてしまう……と、考えられているようで（魂が欠けるという感覚なのでしょうか）、抜けた魂をもとに戻すための儀式なのです。心の状態が不安定な人は魂が抜けているのかも、ということで、ここに来てもとに戻してもらうそうです。

青い服を着た人が線香の煙を手のひらでゆっくりあおいだり、線香を近づけたり、いろいろとやってくれます。その動作を3回していました。

ようやく私の番が来て、青い服を着た女性のところへ行くと、中国語で何か質問をされました。中国語はさっぱりわからないので、はて？　何を聞かれたのだろう？　と、質問の予想をしてみました。

この時は「お祓い」だと思っていたので、きっと「お祓いをしてほしいものはなんですか？」と聞かれているのだろうと思って、「仕事」と答えました。すると、その女性が「し・ご・と」と私の顔を見ながら復唱します。その瞬間に、あ！　しまった！　名前を聞いたのかも〜、と思いましたが、お祓いが始まったので、そのまま受けました。

この行天宮には最終日にも行って、そこで詳しいことがわかったため後述しますが、そうなんです、ここではやっぱり名前を聞かれていました（泣）。なので、私の魂を戻す儀式は失敗だったのでは……と思います。「しごと」という、全然違う名前でやってもらいましたから〜。

ちなみに建物の外にあった狛犬はどちらも「阿」で口を開けており、屋根の上には龍の像がたくさん飾られていて、いろんなものが日本とは違っています。

境内で写真を撮っていたら、ガードマンのおじさんがニコニコとやって来て、

「あっち（お祓いをしているところです）は、カメラを向けてはダメ」

と〝日本語〟で言います。

「わかりました。他は写してもいいですか？」

「はい。神様と建物はカメラを向けてもいいです」

へぇ〜！　と、ここでも驚きです。神様（人物の像です）を撮影してもいいんだ〜、とこれは本当にビックリしました。

あちこちのお寺でも写真を撮りまくりましたが、どのお寺のガードマンも関係者もお坊さんも、誰も何も言わず、気にもしていないようでした。台湾では神仏にカメラを向けても問題ないのですね。

三国志で有名な関帝

正殿の真ん中には男性の神様と思われる像があり、それが妙にしっかりした人形と言いますか、蠟人形のような……でも陶器っぽいのですが、そういう人物の像なので、信仰の違いを思いました。ガイドブックに「関帝」と書かれていたため、真ん中にいるのは関帝という神様だということはわかっています。

正殿の前に行き、屋根があるところから少し前に出て、ご挨拶をしました。ビジネス、仕事の神様だということでそちらの話をしました。話をしている最中に「面白いやつが来

関帝の像（右側）

た」と関帝が隣の神様に笑いながら言っているのが聞こえました。

挨拶を終え、屋根のところでお願いをしている人たちの前にいることが申し訳なく、後ろへと移動したら……。

「前に来い」

と関帝が言います。

「え？　いや、あの、私、今そこで長々とお話をしましたし、私だけが一番前に出て、関帝様の前を独占するのはちょっと……」

「遠慮は必要ない。前に出たければ出ればよい」

そう言えば……私が正殿前に来た時から、正殿の真ん前で祈りを捧げている女性がいます。私が後方に移動してもまだ一番前にいますし、長い時間そこにいるのですが、誰もまったく気にしていないのです。

屋根があるところは後方になりますが、そこでお祈りをしている人は、前に人がいても関係ないと思っているみたいでした。「神様」と「自分」という、二者の関係が大事であるという信仰の真理をわかっているのだと思います。後ろでいいと思う人は後ろで祈り、人の立ち位置をとやかく言わないのですね。

では……と、ふたたび前に出ました。関帝とは三国志の関羽《かんう》さんのことで、どうしてその人がビジネスの神様なのかな？　と疑問が湧きました。「武神」ではないの？　と思ったのです。

あ、いや、三国志は詳しく知りません。劉備《りゅうび》と諸葛孔明《しょかつこうめい》の三顧の礼の話、神がかった赤壁の戦いの話をちょっと知っている程度です。

「昔の武将だった人が……今は、仕事の〝神様〟なんだなぁ」と考えていたら、

「お前の言葉で言えば仏のほうだ」

と、関帝が言います。あ、そうか、この像って仏像なんだ〜、とわかりました。日本の仏像とは全然違っていますし、雰囲気も仏様とは違うのです。それにガードマンのおじさ

んが神様と言っていたので、仏様とは思わず、でも神様とも違っているし、そこが謎だったのです。

本人に仏様だと言われて、ああ、なるほどと思いました。関羽さんがあちらの世界にたくさんいるわけではなく、見えない世界のどこかにいて、そこからあちこちの仏像に顔を出しているのです。

この日はこれで取材は終了です。時間的に遅かったことと、疲れていたので霊的エネルギーも枯渇していたのです。行天宮には最終日にも行っていろいろと詳しく知ることができたので、後述します。

空間を押すほど力の強い、黄金の大黒天

故宮博物院にいる驚くべきパワーを持つ仏像

北京に行った時に「紫禁城（故宮）」を見学しました。ものすごく広い敷地に建物がたくさんあり、その規模は日本では考えられないくらい大きかったです。しかし、その建物の中はほぼスカスカ状態でした。衣装やちょっとだけ美術品が展示されているところがありましたが、スカスカ感は否めず、これだけ大きな宮殿なのになぜ収蔵品を展示していないのだろう？　と素朴な疑問を持ちました。

あとから調べて、収蔵品は台湾に持ち出されたことを知りました。あの紫禁城（お城は本当にすごい建物でした）にあったものだから、きっと豪華で見応えのある宝物ばかりな

のだろう、いつか見に行きたいと思っていました。

台湾に来て「故宮博物院」で実際に見た感想は、ただただすごい……です。収蔵品の量も半端なく多いのですが、「ほ～」とため息が出る美術品ばかりでした。有名な「翠玉白菜」は逸品で、いくら見ても飽きない魅力がありました。白菜の緑色の部分が天然の色だというところが神秘的です。

しかし、この博物館で私が本気で驚いたのは美術品ではなく、仏像です。

建物は地下1階・地上3階建てで、展示がされているのは1階から3階までです。1階の「１０１」とされた展示室には仏像ばかりが並べられていました（２０１9年9月現在）。ほとんどが小さな仏像だったのですが、日本の仏像とはいろいろと違う部分があるので興味深いのです。

狛犬の上に座っている文殊菩薩像、ウエストが首と同じくらい細い観音菩薩像、どう見ても大仏顔である阿弥陀仏像など、ワクワクしながら、ガラスにへばりついて観察しました。

すると、奥のほうから強いパワーが流れてきます。そのパワーは空間を押すような圧があって、とにかく「強い」のです。博物館なのに道が繋がった（魂の入っている）仏像があるのかな？　珍しいな……とパワーのほうへ行ってみました。

そこには「うひーっ！」と大声を出してビビってしまうほど、大きな力を持った黄金像がありました。空間を変形させるくらいの驚くべきパワーを持った金ピカの像なのです。

この像って何？　すごいパワーなんですけど！　とビビりまくってプレートを見ると、15世紀の「大黒天像」と書かれています。

「えええーっ！　大黒さん？　顔が怖いー！」

と、心の中で大絶叫です。日本の大黒天とは姿がまったく違います。金ピカのこの大黒天は、顔が大変恐ろしく作られているのです。日本の仏像のような、目が細く、すっきりのっぺりした顔ではなくて、中国の京劇のお面のような顔とでも言いましょうか、目鼻立ちがくっきりとした派手なお顔です。そして表情がゾゾゾーッとする感じで怖いのです。

たしかインドかどこかで、ダキニ天は大黒天の眷属だったなと思い出しました。それはつまり、大黒天はダキニ天を叱ったりするわけです。あのクールで強いダキニ天を叱る大黒天……と考えると、それまでの私は「う～ん、違和感がある」と思っていました。

その当時は、神話は作られたストーリーだという先入観があったので、インドの神話ではそうなのね～、と思っていたのです。

南天王の像

大黒天の像

　でもここで、実感として理解ができました。外国の大黒天は厳しくて超怖いのです。ダキニ天を「コラー！」と叱りとばしそうです。

　金ピカ大黒天像の身長は低いです。さらにそん居《きょ》をしているので、余計低く見えます。右手に何か持っていますが、左手には何も持っていません。なにやら変わったポーズをしているのです。上半身は裸のようですが、アクセサリーというか、体につけている飾りがものすごい量で華美なため、一見裸に見えません。飾りが服のようなのです。

　大黒天はもう1体の仏像と向かい合わせに置かれていました。狛犬みたいな感じの置き方です。そちらの像は大黒天ほどピカピカした黄金ではなく、昔は金色だったようですが年月とともに色褪《あ》せてしまって、今は控えめな黄土色になりました、という感じです。

こちらも15世紀の像で、「南天王像」と書かれています。南天王……初めて聞くお名前です。日本に伝わっていない仏様がいるのかな？　と思ったのですが、服装からして、もしかしたら増長天かも？　と思いました。増長天は四天王の1人で、南を守っています。しかし、四天王の1人だけが大黒天と向かい合わせで置かれていることが「？」なので、南天王という日本には伝わっていない仏様がいるのかもしれません。

南天王も目を見開いたお顔で、こちらも怖いです。大黒天ほどではありませんが、パワーもあります（大黒天をパワー10とするなら、南天王はパワー6くらいです）。この像は右手にも左手にも何かの法具を持っています。そん居している大黒天と違って、南天王は立っています。非常に目立つ服を着て、ブーツをはいているのが印象的でした。

パワーをもらいすぎると容量オーバーに

どちらの仏像もものすごーーーく魅力があります。「いつまでも見ていたい！　怖いけど！」という、人を惹きつける像なのです。

もちろんどちらも道が繋がって（魂が入って）いますから、お願いをすれば叶えてくれる可能性は十分にあります（特に大黒天のほうです）。そこでつい、願掛けをしそうになって、「おっと、危ない危ない」とやめました。というのは、この厳しい（きつい）性質ですから、叶ったあとでお礼に来なければ叱られそうだと思ったのです。

大黒天をじぃーっと見ていたら、チラッと私を見ます。私を見た瞬間に大黒天の全身からパワーがガーッと出て、それが私に照射されるのです。珍しいパワーの与え方です。せっかくなので、見つめまくって何回か視線をいただきました。それにより、強大なパワーが何回か照射され、たくさん受け取りました。

1階の他の展示室も見ようと、101展示室を出たら……足が痛いのです。101展示室を出たところから、足全体が激しい筋肉痛のように痛み出しました。歩くほどに痛みが増していきます。さらに、むわむわ〜っと気分も悪くなりました。

大黒天の強烈すぎるパワーをもろに浴びて、というか、浴びまくって（15分くらい見続けたのです。やりすぎです）、そのパワーをしっかり〝すべて〟受け取ったため、パンク状態だったのでした。

あわてて101展示室に戻り、もらったパワーが予想以上に強かったこと、こんなにたくさんはいらないことを説明して、お返しさせて下さいとお願いしました。パワーを返したら、痛みがす～っと消えて、むわむわと気分が悪かったのもスッキリ治りました。

海外の仏様は厳しいというか、本当にきつい強さです。日本の仏様とは違います。でも逆に言えば、パワーやエネルギーをもらえたら、あっという間に人生が好転するほどの力となります。

故宮博物院の大黒天は驚くべきパワーを持った仏様です。積極的に人生を良い方向に変えてくれます。パワーやエネルギーが強いため、もらいすぎると容量オーバーで私のように体がしんどくなります。じーっと見るのは3分くらいで十分です。

手を合わせたり、手を合わせなくても話しかけたりして（日本語でも問題ありません）、パワーを下さい、とストレートにお願いをすれば、3分もいなくていいと思います。お願いをして照射してもらう場合は、1回でピッタリのパワーをくれるだろうからです。南天王にお願いしてもOKですが、大黒天のほうがはるかに強いので、おすすめは大黒天です。

台湾一有名なお寺・龍山寺

日本式の参拝でもOK

ここでちょっと理解しやすいように言葉を統一させておきたいと思います。台湾のお寺は本殿脇に細長い建物があって、中はいくつかのスペースに区切られています。そのスペースに仏様がいろいろと祀られているのですが、この区切られたスペースを本書ではブースと呼びます。

現地では、またガイドブックでは、祀られているのは「神様」と書かれていますが、日本の神様とは存在がまったく違うので私は「仏様」で統一して書いています。

お寺によって建物の呼称が違っていますが、本書では本殿、社殿、というふうに表現しています。この言葉は神社用なのですが、お堂という言葉が建物の見た目と合わないので、あえてこちらの呼び方にしています。仏様がブースごとに祀られているところは境内社と書いています。

一番難しいのが仏像です。皆様がイメージすると思われる仏像とはかけ離れた像なのです。日本と同じような仏像もあることはあるのですが、金ピカに塗られています。

多いのは人物の像です。見た目が陶器製？　のような像で、この像に洋服が着せられています。仏像と言うには違和感がありすぎるので、「人物像」と書いています。同綴《どうてつ》異義語がありますが、この本では「人物像」はリアルな人間の姿で表現された仏像のことなのね、とご理解下さい。

さて、「龍山寺《ロンシャンスー》」です。ガイドブックの情報や台湾に行った人の話によると、一番有名なのが龍山寺だそうです。実際に行ってみると、境内が広いため大変参拝しやすく、行天宮と比べると境内社が多いので見学するのが楽しいです。

到着してまっさきに思ったのは、「総門の屋根が豪華ですごい」です。門の上部には電光掲示板がはめ込まれていて、そこに文字が映し出されていて近代的です。この総門の屋

総門の屋根に飾られた龍

根にも、中の建物の屋根にも龍がたくさん飾られています。屋根の上は龍だらけなのです。

そして、その龍は「キェー！」と雄叫びをあげているような、気合いの入った龍で……楽しい気分にさせてもらえます。

総門をくぐると、行天宮と同じで建物というか囲いがあります。龍山寺は右端から中に入るようになっています。入口には「入口」と書かれていて、日本語と同じなんだな、と思いました。

囲いの中には本殿があり、その前に中庭のような空間が作られています。中庭の手前にお供え物を置く台があって、一番手前には膝をついてお祈りする人用の場所がありました。

膝をついてお祈りする人と本殿の間には中庭があるので、人が行ったり来たりします。でも全然気にしていないようでした。仏様と自分だけの空間という意識を持った人が多いのだなと改めて思いました。本殿内でもお祈りができるのですが、どこで手を合わせるのか、そこにこだわりはないようです。

現地の人は皆さん、長い線香を1本持って、それを両手で挟んだ形で合掌をしています。そのままペコペコと素早いお辞儀を何回もして（ゆっくりした動作のお辞儀ではありません）、拝んでいます。両膝をついて祈る人もいれば、頭を地面につけていた人や、立ったままの人もいて、祈る姿勢もさまざまです。

私は日本式で合掌をするだけでしたが、それでもかまわないと仏様に言われました。台湾で日本式の参拝をしてもOKなのです。ということは、日本で台湾式の参拝をしてもOKだということです。

おみくじを引くための儀式

台湾のお寺のお供え物はすごいです。置かれている量も多く、お供え物の種類も豊富です。お供え物を置く大きな台があるので、皆さん自由に置いていました。

果物やお菓子が多いのですが、私が特に「いいな～」と思ったのは、生花です。花をお皿に載せてお供えしているのです。花の部分だけがお皿に美しく盛り付けられていて、「お花をお供えしています」というのがよくわかります。1皿はそんなに大きくありません。小皿という感じです。

その芸術的とも言える飾り方をした可愛い生花が台の上に並べられているのです。生花には特別な癒やしパワーがあるのですが、台湾ではこのように花のみの形でお供えをしていました。

日本では茎も一緒に……ということで、花筒に挿していますが、こうすることで長持ちします。仏様やご先祖様に長くお花の癒やしパワーを受け取ってもらえます。花のみだとすぐに傷んでしまうでしょうが、食べ物と同じような感覚でお供えしているのかもしれません。美しい飾り方なので見た目も楽しめます。

鉢植えの花もあちらこちらに置かれていましたし、アレンジメントフラワーもあって、生花のお供えは意外と多かったです。

どこのお寺でも見たのが、おみくじを引くための儀式です。台湾では簡単におみくじを引くことができないのですね。

その手順ですが、まず三日月の形をした「筊杯《ジャオベイ》」という木片を2個、手に取ります。どこのお寺にもお供え物の台のところにありました。仏様に手を合わせて名前、住所、年齢を言い、最後に仏様に聞きたいこと、もしくは悩みをお話します。で、おみくじを引いていいかどうかを聞くわけです。

そこで筊杯を放ります。落ちた筊杯の「凹」と「凸」の組み合わせで、仏様が「イエス」と言ったのか、「ノー」と言ったのかを判断します。どちらも「凹」、どちらも「凸」だったらノーで、「凹」と「凸」の組み合わせがイエスです。

ここでノーが出たら、仏様への質問を変えるとか、言い方を変えてみたりして、また筊杯を放ります。イエスが出たら、おみくじを引きます。

おみくじといってもこの時に引くのは、長い棒に番号が書かれたものです。たくさんの棒が立てて置かれていますから、その中から1本引くのです。引いた棒の番号を仏様に報告して、この番号でいいかどうかを聞きます。イエスだったら、授与所へ行っておみくじをもらいます。ノーだったら、棒を引き直します。

非常に手間のかかるおみくじなのです。授与所ではおみくじを読み解いてくれる人がいるそうなので、言葉がわかる人はチャレンジすると仏様からアドバイスがもらえます。

派手で金ピカなのになぜか心がなごむ空間

本殿には3体の仏様がいて、メインは観音様です。ご挨拶と自己紹介をすると、

「聞きたいことはなんだ」

と言ってくれました。あれっ？　とここでも違和感があります。

日本の観音様は優しくてたおやかな雰囲気です。ほわんとしている感じです。しかし、台湾の観音様はどちらかというと男性っぽくて強いのです。柔らかい雰囲気ではありませんし、男らしいという印象なのです。

仏像はキラキラしていて、「きらびやかですごいですね！」と言ってしまったくらい、

金ピカです。特にお顔がピカーッとまぶしいくらいに磨かれています。こういう部分が日本の仏像との違いです。

左にいる仏様はわかりませんでしたが、右は文殊菩薩でした。他にも小さな仏像がいっぱい安置されています。本殿も日本のお堂とは違って、朱色と緑色と金色で鮮やかに彩色されています。とにかく華やかで、明るくて、美しいのです。

不思議なのは、このように華美で内陣は金色、ピカピカなのに、なぜかすごく心がなごむのです。日本のようにあとから手を加えずに、建てられた当時のままで建物を保存しているのは風情があります。木材の色褪せたところに味があり、それがしっとりとした雰囲気を醸し出しています。まさに仏様の「気」という感じのお寺です。

台湾のお寺は華美で派手なので、見た目は日本のお寺とまったく違うのですが、同じように心が落ち着き、なごみます。仏様の「気」のおかげなのかもしれません。

平安時代に唐の長安に行った空海さんや最澄《さいちょう》さん、円仁《えんにん》さんは驚いただろうな～、と思いました。えっ？　こんなに派手なの？　と。同じ仏教でも国によって全然違うのです。

縁結びを専門とする月下老人

龍山寺の境内には、本殿をコの字に囲んでいる建物があります。その建物はいくつかのブースに仕切られていて、そこに各仏様が祀られています。いろんな仏様が祀られていましたが、日本人の私には馴染みのない、知らない名前の仏様もいました。関帝も祀られています。ここでは「関聖帝君」というお名前でした。お地蔵さんもいました。

ここで初めて、私は「月下老人」という仏様にお会いしました。プレートには「月老神君」と書かれていて、ガラスの向こうに置かれていたのは人物像でした。他の仏像はヒゲが黒いのですが、月下老人は白いヒゲです。右手に杖らしきもの、左手に巻物を持っていました。

ご本尊の観音様は仏像でしたが、月下老人は仏像ではなくて、人形のような小さな人物像です。でも、道はしっかり繋がっています。

心ゆくまで月下老人を見つめたおし、写真もパシャパシャと撮りまくります。小さな像なので、よく見るためにはガラスの真ん前まで行かなくてはなりません。特等席のような

龍山寺の月下老人像

場所を長く独占するのは申し訳ないので、一旦別のところをブラブラと拝観しました。

少ししてまたガラスの真ん前に戻り、見つめまくり、写真も撮って、「あ、独占はあかんよね」とふたたび別の仏様のところへ行き、またまた戻って……というふうに、こだわりまくった参拝をしました。

すると、そばに立っていた警備員が、ものすごーーーく私を注視するのです。あいつ、なんか怪しい……みたいな目で(笑)。警備員は途中で交替をしましたが、新しく来た警備員も、じーーーーーーーっと私だけに注目していました。

いづらい……（泣）と思いましたが、お話を聞かなければなりません。で、警備員のほうをなるべく見ずに質問をしてみました。

「縁結びが専門なのですか？」

「うむ」

「仕事の縁をお願いするのもアリですか？」

「仕事？　仕事に縁が必要か？」

「え？　日本ではそうお願いしています」

台湾の人の中にもそのように考える人がいることはいるそうですが、一般的ではないみたいです。

月下老人がする縁結びは「人間の縁」だそうです。専門は男女の縁だということです。

「見よ」と言われて参拝者を観察していたら、たしかに若い男女ばかりでした。年配の人、夫婦で参拝している人は他の仏様には手を合わせていますが、月下老人は素通りするのです。でも、若い人は次から次にやって来ます。

へぇぇ〜！　仕事のことや他のものとの縁結びはお願いしないんだな〜、と知りました。

「どうして縁結びを得意としているのですか？」

という質問に、月下老人は専門にやるつもりはなかったと言います。

大昔に霊能力で月下老人を見ることができた人がいて、その男性と会話をした際に人生のアドバイスをしたそうです。そしたら、その出来事が伝承されるうちに少しずつ変化して、ストーリーとして完成した時には縁結びの神にされていたと言うのです。

「では、それ以来、ずっと縁結び専門なのですか？」

「うむ……」

うぷぷと笑ってしまいそうになったくらい、なんだかトホホな言い方でした。昔は違う部門で大活躍していたのかもしれません。でも、現在は縁結びが専門なので、そっち方面の願掛けをすると叶えてくれます。

警備員が注目していたので……というか、本当に視線を外すことなくじぃぃぃーっと見ていたので、ここで月下老人にお礼を言いました。

そりゃそうだよね～、と自分でも思います。皆さん線香を持って正式なお参りをしており、お祈りが済むと去っていくのです。そこに写真をパシャパシャ撮りまくり、近寄ってまじまじとお顔を観察する人がいるのですから目立ちます。それも、あっちに行ったりこっちに来たりして、何回も繰り返しているのですから、こいつっ！　超怪しい！　となるのは当然です。なので、それ以上の会話は難しく（警備員のほうに意識を向けてしまうためです）、失礼することにしました。

　このお寺は明るくにぎやかで、華やかです。参拝客が多いので活気にあふれており、元気になれるお寺でもあります。

　本殿の周囲の壁際にはお経の勉強をしている人が何人もいました。地べたに座り込んで一生懸命に勉強しているのです。どの国にも信心深い人がいるんだな～と思いつつ、龍山寺をあとにしました。

今に伝わる月下老人の伝説

帰宅してから月下老人を調べて驚きました！　月下老人を見ることができたという男性の話が今も残っているのです。これは感動に近い驚きでした。『続幽怪録』という書に載っているそうで、そのあらすじをここに書いておきます。

　唐の時代に韋固《いこ》という男性がいました。彼は幼い頃に両親を亡くしたので、早く結婚したいと思っています。婚活を頑張るのですがなかなかうまくいきません。

ある日、韋固は縁談相手と会う約束をした場所に早朝に着いてしまいました。そこには1人の老人がいました。老人は書物を読んでいます。韋固は横からその書物を覗き込んで見ましたが、知らない文字が並んでいます。学問を究《きわ》めた韋固に読めない文字があるはずがないので、老人にその本はなんなのか、と質問をします。

すると老人は「これはこの世の書物ではない」と言います。あの世の本だと聞かされた韋固は、そこからあれこれ聞いて、この老人があの世の役人であることを知ります。

役人としてなんの管理をしているのかと、さらに突っ込んで聞くと、「婚姻を管理している」と老人が言うわけです。老人は袋を持っていて、その中には赤い糸が入っています。この赤い糸を、あちらの世界で夫婦になることが決まった男女の足に、この老人が結びに行くと言うのです。赤い糸が結ばれると、どのような困難なことがあっても必ず夫婦になる、と韋固は教えられます。

あの世で婚姻を管理する役人がいるのか～、と思った韋固は、今から会う娘と縁談がまとまるかどうかを質問します。すると老人は、韋固にはすでに決まった相手がいるので、今から会う娘とはうまくいかない、とハッキリ告げます。

韋固の妻になる女性は今3歳で、その子と赤い糸がしっかり結ばれているため、他の女性との縁はない、と断言するのです。そして、その子が17歳になったら出会うだろうと予言をします。

韋固はその子が気になって見に行きました。野菜を売っている老女の娘、ということで行ってみると、大変みすぼらしく醜い女の子だったのでガッカリします。というか、身分的にも釣り合わないと思った韋固は、召使いに女の子を殺すよう命じます。

召使いは刀を持って市場に行きましたが、人が多くてうまく殺せず、女の子の眉間に傷をつけただけで終わってしまいました。

その後も韋固の縁談はまとまりません。14年たって、やっと州長官の17歳の娘を妻にすることができました。美しい娘ですが、眉間に傷があります。その理由を聞いて、妻があの時の女の子だと知るのです。2人は末長く仲良く暮らしたということです。

霞海城隍廟に行ってみました

月下老人で有名だけれど……

「霞海城隍廟《シアハイチヨンホアンミヤオ》」は月下老人がいる、ということで有名だそうです。というか、ガイドブックでは月下老人に願掛けをするならこのお寺で！　みたいな気合いの入った紹介をされています。張り切って行ってみました。

このお寺は行天宮や龍山寺のような境内はありません。通りに面したところにいきなり本殿が建っています。建物は小さめで、中も狭いです。行天宮や龍山寺に比べるとこじんまりとした、規模の小さいお寺なのです。

道路に面したところには香炉が置かれていて線香がたくさん奉納されていました。どちらも「阿」の狛犬が可愛らしい顔で迎えてくれます。

本殿に入ってビックリしたのは、ここのご本尊は「霞海城隍爺」という仏様だったことです。月下老人ではないのです。え？　ご本尊じゃないの？　と本気で驚きました。

本殿に入ってすぐに祈禱が始まりました。お坊さんが……といっても、見た目は神父さんに近いです。神父さんが着るようなAラインの黒い服を着ていて、その上に赤い上着を羽織っています。

黒い帽子をかぶっているのですが、帽子の頭頂部にはハスをデザインしたような小さな金色のやや丸い物体が載せられていて、後頭部にはチョンマゲみたいなものがついています。カチカチと何かを鳴らしつつ（木魚みたいな感じでした）、読経をしていました。祈禱中でも、皆さん平気で内陣前に行ってお祈りをしていたので、私も遠慮なく真ん前で仏様を拝みました。

メインの仏様はヒゲの人物像で、豪華な冠と洋服を身につけています。無病息災と国の繁栄、平和を与えてくれると説明板に書かれています。お供え物の台の左右にも大きな像があり、ヒゲぼーぼーで迫力があります。どうやらこの2体も城隍らしく、着ているお洋服も冠もきらびやかです。

で、月下老人は？　と見ると……これがもう、ものすごーく小さな置物なのです。人物像ではなく、仏像でもなく、置物の雰囲気がする像です。しかも内陣ではなく、手前のお供え物台に置かれています。

えええーっ！　メインじゃないし、台の上に置かれているし、この月下老人はただの置物なのでは……というのが正直な感想です。この置物で合ってるん？　ガイドブックなどの情報はこの月下老人のことを言ってたの？　とまじまじと観察しました。

ご本尊ではないし脇侍でもなく、本当にそこに置かれた小さな像なのです。これはあとから知った情報ですが、１９７１年に参拝者から寄付された像だということです。

えっと？　と固まったまま、口を開けて、考えを巡らせていたら、その月下老人がいきなり笑いました。

「メインの仏だと思って来たのか〜。アハハハハ」

それを聞いて、あ、月下老人だ、と納得できました。というのは、龍山寺のところで書くのを忘れましたが、月下老人の声は異常なほど高いのです。アニメキャラクターの目玉おやじみたいな……あの声よりももうちょっと高い声で、見た目と全然一致していません。若い女性の声優さんが出している？　というような声なのです。

「はい、ご本尊が月下老人様だと思って来ました」

「アハハハハ」

なんだか楽しそうです。置物テイストですが、道はちゃんと繋がっています。

「ここまで来ずとも、龍山寺でよかったのに」

「たしかに、そうですね。本にはそう書かせてもらいます。私、台湾省城隍廟（ローカルなお寺でした）からここまで歩いて来たんです〜。30分近くかけて。外は暑いし、しんどかったです……。無理して来なくても、龍山寺でも願掛けOKですよ、と書きます〜」

あ、でも、こちらのほうが見た目は仏様っぽいです。像が黒いので（ヒゲも黒いです）、ごりやくありそうな気がしないでもない、という感じです。仏様としての強さとか、道の太さ、繋がり具合は龍山寺と変わりません。

赤い糸を引っ張るサポートをしてくれる

ヒーヒー言いつつ炎天下を歩いて来たので、これだけで帰るわけにはいかず、縁結びってどのようなことをされるのですか？　と聞いてみました。

月下老人によりますと、出会うためには「引っ張る力」がなくてはいけないとのことです。相手の存在を自分のほうに引っ張り寄せる、という力です。

ここで赤い糸を見せてくれました。つまり、運命の赤い糸は引っ張るためのものなのです。引っ張るのは本人であるため、月下老人は本人が頑張れるようにサポートをする、その力を強くしているとのことです。ぐいぐい引っ張ると出会う時期が早まることも〝まれに〟あるそうです。

赤い糸を持たない人がお願いに来たら、願掛けをした本人と相性が良い相手を探し、見つけたらこれで結ぶ、と言います。恋愛のことで親身になって味方をしてくれる仏様なのです。

メインの本殿の横には小さなお堂が併設されていて、そこには、十一面千手観音、城隍夫人、義勇公の3つの祭壇がありました。義勇公の祭壇は、抗争の時に犠牲になった若者たちを祀っているとのことです。城隍夫人はセレブでオシャレな女性という感じの像でした。幸せな結婚生活、家庭円満を授けてくれるそうです。

本殿の月下老人と同じような大きさ、置物テイストの像で「魁星爺」という仏様がいました。面白いポーズをしていて、狛犬のようなものの上に乗っていて、すりこぎとすり鉢を持っているように見えて、魅力ある仏様なのです。「どのような仏様かな〜」とすごく気になりました。

台北では月下老人は龍山寺とここの2体のみ、という情報があちこちに書かれていますが、他のお寺にもおられます。私が行ったところはどのお寺の月下老人も道が繋がっていましたし、パワーもあり、願いも聞いてくれます。

いろんな情報を読んで自分が「ここがいいかも？」と思う月下老人のところに行くのが一番いいのでは？　と思います。

月下老人のいる、穴場のお寺

大稲埕慈聖宮

「大稲埕慈聖宮《タータオチョンツーションコン》」は観光客が1人もいなくて、地元の人だけでした。

お寺の前の通りには屋台がずら〜っと並んでいて、朝から営業していました。庶民的な雰囲気で、屋台に書かれていたメニューを見ると、大体どこもメインのお料理が60台湾元です（日本円にして約220円くらいです。2020年2月5日現在）。

看板に「原汁排骨湯」（料理名です）と書かれていたお店で出されていたのはスープ料理で、中にチキンがゴロゴロと入っていて美味しそうでした。真っ白なスープにチキンを入れている屋台もありました。朝からそこそこのお客さんがいて、ハフハフと美味しそうに食べているのはなんだかホッとするような光景でした。

お寺の敷地に入って、最初に目に飛び込んでくるのはガジュマルの大木です。総門の手前に広場があるのですが、その左右にありました。「枝を伸ばしたいだけ伸ばしていまーす！」という巨木は日陰をたくさん作り、9月の暑い日でしたから、そこで休憩している地元の人がいました。

台湾のお寺は凝った造りになっています。どこへ行っても屋根には龍が飾られていますし、柱や天井などにも細かく細工がされています。飾りも多いです。鑑賞することが楽しいお寺なのです。

このお寺は本殿の奥からしか左右の境内社エリアに行けません。本殿の左右にはどちらも細長い建物があり、そこが区切られてさまざまな仏様が祀られています。まず、右側に出てみるとちょうど祈禱が始まりました。祈禱が行なわれるのは本殿ではなく、境内社のブースなのです。お坊さんは霞海城隍廟で見たお坊さんと同じような服（こちらは赤い上着に模様が入っていました）を着て、同じ帽子をかぶっていました。

祈禱が終わって10分もしないうちに次の祈禱が始まりました。このお寺は地元の人が普通に祈禱をお願いする、地域密着型のお寺のようです。

この右側スペースに月下老人のブースがあります。ガラスの向こうに人形像が置かれていて、パッと目に入ってくるのは真ん中に置かれた像です。

「あれれ？　髪の毛があるんだけど？」

それまでに見た2体の像とまったく違います。

「おいおいおいおい……。よく見よ」

と、相変わらず高い声で話しかけてくれました。で、よく見ると、メインの像に見えたその前に月下老人がいたのです。白いヒゲに金ピカの豪華衣装を身にまとい、髪の毛が薄くて……ああ、そうそう、このお方、と思いました。けれど、それは小さな像で……月下老人って身長が低いという設定なのかな？　と思いました。

ここの月下老人も道はしっかり繋がっています。ただ、参拝者の数の違いでしょうか、龍山寺や霞海城隍廟に比べたら、若干ですがヒマそうです。のんびりムードのお寺であることも関係しているようです。しかし、しっかり繋がっているので穴場と言えます。参拝客が少ない分競争率が低く、願掛けが叶う率が高いのです。これは私の意見ではなく、この月下老人ご本人談です。

子どもとの縁も結んでくれる

赤い糸についてさらに聞いてみると、赤い糸を持っていても丈夫な状態だとは限らず、ささくれている、もろもろになっている人もいるそうです。傷んでいる糸をワイヤーみたいに強く引っ張りやすくする、糸にも力を与える、というメンテナンスまでしてくれるのが月下老人です。

ソウルメイトと会う予定の人には糸の補強をしてくれて、赤い糸を持っていない人（ソウルメイトと会わない人）には相手を探し、ワイヤーみたいな強力な糸を結んでくれるのです。「縁結び専門」だけにプロフェッショナルなお仕事をされています。

「日本人がお願いに来ても大丈夫ですか？」

「住んでいる国は関係ない」

でも、住所はしっかり言わなければいけないとのことですから、番地や建物名までお伝えしたほうがいいです。

「仕事とか土地とか、そういう縁は結ばないんですね？」

「人間だけだ」

パートナーに特化した縁結びなのだな、と思ったので、確認の意味でこう聞きました。

「子宝祈願……生まれてくる子どもとの縁結びもしないんですよね？」

「子どもは人間ではないのか？」

「あ、そうですね、人間です。すみません。じゃあ子宝祈願はアリなのですね」

というわけで、今世は子どもがいない人生を計画していたとしても、月下老人にお願いすれば子どもとの縁結びもしてくれるそうです。

今、これを書いていて思ったのですが……子どもの場合も赤い糸を使うのか……使わないように思うのですが、すみません、聞いていないのでそこは不明です。ただ、もともと縁結び専門ではなかった仏様なので、他の願掛けをしても普通に叶うのだろうと思います。

ミリオンバンブーに赤い紐を結ぶと強力な縁起物に

このお寺にも観音様がいますし、左側のブースには台湾では珍しい仏様仏様した仏像があります（三宝仏）。このブースには上から目線の面白い眷属が2体いて、仁王像もありました。

十二婆姐という、ピンクのマントを羽織った、12人の女性の仏様もいました。金色のスーツのような服を着た小人の男が体にからんでいるのが印象的です。十二婆姐の肩に乗っている、十二婆姐が抱っこしている、十二婆姐の足にしがみついている、などです。

うわぁ、気になるぅ～、どういう関係なのか知りたい～、と思いましたが、わかりませんでした。でも見るだけでも面白かったです。

私が気になったのは、何ヶ所かに大きく貼られていた干支別の運勢表です。干支の下にひとつ加えた年齢が書いてあって、干支の運勢占いは数え年なのだということを知りました。

各干支にいくつかの月が書かれていて……たとえば寅年生まれは、4月、7月、10月で、これは運気の良い月？　と思いました（漢字で書かれていますがさっぱりわからないのです）。月の数はまちまちで、5つも書かれていたのが午年《うまどし》です。興味深かったです。

お寺にはミリオンバンブーがありました。このミリオンバンブーがものすごーーーい縁起物なのです！　日本でもお花屋さんで見たことは何回かあるのですが、縁起物だと思ったことはありません。

違いはなんなのだろう？　と観察してわかりました。ポイントは紐です。少し太めの赤い紐を蝶々結びにして飾るとなぜかものすごく運を呼ぶものになります。さらに鉢も赤にすれば運気呼び込み力倍増です。

縁起物パワーがすごかったので帰国してさっそく買い求め、最初はコンビニのうどんのカップに入れていたのですが、その後赤いリボンを蝶々結びにして赤い容器に入れ、部屋に飾っています。思わぬところから運の良い話が来たり、運の良い出来事があったりして、その効果に目を見張っています。おすすめです。

このお寺は静かで、境内社ものんびり参拝できます。「あの〜、お掃除と……整理整頓がイマイチではないでしょうか」と思ってしまうところもありますが、それも愛嬌という気がしました。

行ってよかった大当たりのお寺

導かれてたどり着いた湧蓮寺

大稲埕慈聖宮の次の目的地は「新荘地蔵庵《シンツアンディザンアン》」です。台北の中心部から川を渡って南西の、ちょっと離れた場所にあるお寺です。何気なくマップを見ていた時に、このお寺がぐいぐいと引っ張るので行ってみることにしました。

大稲埕慈聖宮の最寄駅である「大橋頭站」（站＝駅）から電車に乗りました。この路線は川を渡ったところで二股に分かれます。ですから、行き先をしっかり確認しなければ、全然違う方向に行ってしまいます。

乗る前に行き先と駅名をチェックして頭に叩き込み、もうこれで大丈夫、と安心して電車を待ちました。5分くらいして電車がホームに入ってきたのですが、不思議なことに、なぜか行き先をまったく確認せずにそのまま乗ってしまいました。普段はこのようなことはまずないので自分でもビックリです。

　乗ってしばらくはスマホを見ていたのですが、ふと次に停車する駅名を見て「？」となりました。さきほど頭に叩き込んだ通過する駅名ではないのです。はて？　と思っているうちにその駅に停車して、また発車します。「次に停まります」という駅名も見覚えがありません。

「あ！　しまった！　間違えて乗ってるんだ！」とわかり、あわてて下車しました。降りた駅は「三民高中站」です。えっと……ここは……どこ？　となりましたが、こういうハプニングがあるということは、この町のどこかに行くべきところがある、というパターンが多いので、マップを見てみました。

　すると「紫禁城博物館」という文字があります。へー、紫禁城！　見たい見たい！　ということで、てくてくと歩いて行ってみました。ガイドブックには紫禁城博物館の紹介は一切なかったので有名ではないのだろうな、ということは思いました。

　その日は閉館日で門が閉まっていました。博物館といってもこじんまり～とした、個人が趣味で経営しています的な感じでした。もしも開いていたとしても……入らなかったのではないかと思います。

「ンモー」と、ここで引き返そうかと思ったのですが、マップを見たら「湧蓮寺《ヨンリエンスー》」という文字がにょきにょき〜っと浮き上がってきて、これがまたぐいぐいと引っ張るのです。

「お寺かぁ……どーしよーかなーあーーー」と悩みました。この時の私の頭の中には、日本のローカルなお寺が浮かんでいたのです。お墓があって、檀家さんしか入れないようなお寺です。そのようなお寺だったら行っても無駄かも？　と思ったのです。

　つまり、最初にマップでお寺の名前しか見ていなかったら駅から出ていません。台湾にいる時間は限られていますから、無駄に終わるかもしれない参拝はリスクが大きいのです。紫禁城博物館があったから、駅の外に出ようと思ったわけです。あとから考えると、うまく導かれています。

　どーしようかなーと思いましたが、せっかく紫禁城博物館まで来てるし、もうちょっと歩いてもいいか……という気持ちで湧蓮寺に向かいました。

　この日はお祭りか何かだったのか、それともいつもこのような感じなのかはわかりませんが、露店がたくさん出ていて、地元の人たちが買い物を楽しんでいました。野菜とか魚とか、それはもうたくさんの種類のものが売られているのです。

鶏肉を焼いたものを1羽丸ごと売っていたりもしましたし、服を売っている露店もありました。大勢の人でごった返しているのにバイクでバルルーッと走る人もいて、とにかくすごかったです。観光客は見事に1人もいなくて、完全に地元の人々の町でした。

豪華絢爛、宮殿のような大寺院

そのようなにぎわいの中を通って行った湧蓮寺ですが、迫力ありました！　こういう言い方はどうかと思いますが、大当たり！　というお寺だったのです。見た瞬間に「ひゃーっ！」とのけぞって声が出たくらいです（本当です）。

まず規模の大きさに度肝を抜かれました。立派な造りのお寺なのです。それまでに見てきたお寺とは、もうまったく比較になりません。豪華さも違います。ふと、昔の仏教寺院ってこんな感じだったのでは？　と唐時代の中国のお寺を思いました。

建物は大きくて屋根が3層になっており、どの屋根にも龍がうじゃうじゃと飾られています。建物の両脇には丸い塔があってデザインが美しく、門のところには日本で言えば仁

宮殿のような湧蓮寺

王像みたいな大きな2体の像があります。仁王さんではなく、どちらも人間のように見えますが、両方とも背後に炎を背負っています。なんていう仏様なのだろう……と不思議でした。本殿に上がる石段の手前には水場（人工の池）が作られていて、そこには龍の大きな像もありました。

建物は4階建てで、石段を上がっていった2階がメインフロアです。ここにご本尊の観音様がいます。柱は龍の彫刻が施されていますし、豪華絢爛です。キラキラです。お供え物の台にはお皿に盛り付けた生花が並べられ、そこには布袋さんの置物もありました。線香が渦巻き型で、それを立体的に山の形にしているのも日本とは違います。

古代中国の宮殿のように感じられるこの建物の2階から上は、中央が吹き抜けになっています。

石段を上がったところは広い観音様スペースですが、その奥に行くともうひとつ本殿があります。奥の本殿前が吹き抜けになっており、ここも豪華なのです。3階と4階の吹き抜けのところは回廊になっていて、壁に描かれた絵も風情があります。

奥の本殿に祀られている仏様は「延平郡王」と書かれていて、仏教の仏様ではないようでした。

私ならここの月下老人に縁結びを頼みます

いろんな仏様が祀られていましたが、馴染みがないのでコンタクトをせずに見学だけさせてもらっていたら……4階に「月老星君」と書かれた部屋がありました。月下老人です。中はさっぱりした部屋になっていて、正面に月下老人の像が3体置かれていました。

真ん中にある像が60センチくらいで、その像でも小さいな〜と思うのですが、両脇にはさらに小さい30センチ程度のミニ月下老人像が置かれていました。中央の像はヒゲが金色で巻物と杖を持っています。杖には桃のようなものがついていて、ひょうたんもつけてありました。で、やっぱり髪の毛は薄いんですね。

祭壇の左右には、パワーを持ったミリオンバンブー（かなり伸びていました）が飾られていて、手前の柵の左右には百合の花束がお供えされていました。柵の手前にはお供え物台があり、果物やお菓子が置かれていました。

部屋に入って中央の月下老人像を見ると、なんとスカスカです。あれ？　道が繋がっていないけど？　あれれ？　と凝視していたら、

「よお！」

と、例の高い声で笑いながら声をかけられました。

「え？　そっち？　そっちなんですね？」

月下老人は中央の像ではなく、向かって右側のミニ月下老人に入っていたのです。理由を聞くと、その像はニコッと笑っているからだそうです。たしかにそのミニ月下老人は見ているこちらも微笑んでしまうようなお顔に作られていましたが……。ミニなのです。それでもこちらのほうがいいと言うので、なんだかちょっとほのぼのしました。

湧蓮寺の月下老人像

「2階の観音様のところには人がそこそこいましたが、ここまで参拝に来る人は少ないんですね〜」

　このお寺の月下老人は自由度が高いと言いますか、くだけた感じで話しやすいです。

「ここのことも書いていいですか？」

「いいよ〜」

　高い声で、わざとくだけた口調で許可をくれました。

「ごりやく……ありますよね？　ミニですけど」

「ある！」

「うわぁ、その高い声、ミニ月下老人だったら違和感ないです〜」

と言うと、ゲラゲラと笑っていました。私が台湾で縁結びをお願いするとしたら、ここの月下老人にします。後述しますが、「烘爐地南山福徳宮《ホンルーディナンシャンフーデコン》」というお寺にも行きました。そこの像も道は繋がっていましたが、私は湧蓮寺の月下老人が一番好きです。

仏像は置かれた環境によって性質が違います。お寺の雰囲気や安置されている場所、お世話をするお坊さんの人格、勤行の仕方、いろんな条件で変わってくるのです。ですから、同じお不動さんでも修験者を守るお不動さんは厳しく強く、子どもの参拝が多いようなお寺だと優しいお不動さんになるわけです。

ハンサムな広目天

月下老人と楽しく会話をしたあとは4階のメインである部屋というか、広間に行きました。広間は建物の一番端で、テラスのようなスペースが広間の正面にあります。そこには丸い塔が左右にあり、その塔は鐘楼《しょうろう》と太鼓楼になっていました。鐘楼は日本のように「撞《つ》く」タイプではなく、鐘の中に入っている玉を揺らして鳴らすタイプです。

塔の屋根は派手な龍まみれでした。「キェェー！」と雄叫びをあげているような龍の像ばかりで、クスッと微笑んでしまう光景です。どうして龍がこのような感じなのかな？　そう見えるのかな？　いや、台湾の龍は本当にこのような感じなのかもしれないと考えると楽しいです。

　ここには狛犬ではなく狛ゾウが置かれています。同じ仏教ですが、ああ、外国の仏教なのだな〜としみじみ思いました。

　仏様の広間は横から中に入れます。奥にはピカピカの仏像がいくつもありますが、ガラスの向こうなので近くに行くことはできません。広くてきらびやかな空間です。でも、その派手さに安らいだ気持ちになれます。

　ここには大きな四天王像もありました（ガラスのこちら側なので近づいて見られます）。4体とも怖い顔に作られていました。驚いたのは同じ四天王（持国天、増長天、広目天、多聞天）なのに、日本の四天王とは持物《じもつ》が違うのです。

　持国天は琵琶《びわ》のような楽器を右手に持ち、左手は印を結んでいます。増長天は輪っかと西洋風の剣を持っていて、この2体は人間（？）が下にいて足を支えています。この2体だけだったら日本の仏像とそんなに違いがあるようには見えません。

　多聞天は傘とねずみのような小動物を持っています。戦う仏様の持物が傘というだけで思います。

も意外なのに、左手の手のひらには小動物を乗せているのです。一見ねずみなのですが、尻尾が大きくてどう見てもリスの尻尾です。う～ん、でも顔がねずみなので、ねずみだと思います。

広目天は驚くことに龍を持っています。広目天と同じ背丈の龍ですが、下半身は袋に入っています。龍を抱え、もう一方の手で玉を持っているのです。こちらの2体は日本と同じく邪鬼を踏んでいます。

一番道が太く繋がっていたのは広目天です。余談ですが、この広目天はハンサムで、龍を持っている姿がものすごくカッコいいのです。で、下から顔を見つめていたら、ジロリ！　と睨《にら》まれました。

「どこから来た？」

「日本から来ました！」

声をかけられて嬉しかったので、目をそらさずに見つめ続けていると、

「なんだ？」

と、またしても睨まれます。

「日本の広目天さんと違うんですね」

広目天の説明によると、国によって大きく違うとのことです。ごりやくや、している仕事の方向性、性質などが違うそうです。

台湾の四天王は戦う仏様である、ということがよくわかります。気性が荒いのです。悪いやつは許さん！　という意思が伝わってきます。仏様だというのに怖いのです。

各ブースにはいろんな仏様がいて、「六十甲子太歳神像」という、60柱の神様が描かれたポスターのようなものも祀られていました。

2階に下りると参拝客が多く、皆さんメインの観音様だけを拝んで帰っているようでした。ヒマそうにしている仏様もいたので、メインではない仏様に直接願掛けしたほうが叶うと思います。

台北の中心部から電車に乗って行きますが、そんなに遠くありませんし、駅からも徒歩5分なので、おすすめです。

日本のジゾーとは違う、台湾のお地蔵さん

新荘地蔵庵

湧蓮寺に行ったのは電車を乗り間違えたからで、そこから本来の目的地だった「新荘地蔵庵《シンツアンデイザンアン》」に行きました。台湾の、ご本尊として祀られているお地蔵さんに会ってみたかったのです。こちらも地元の人しかいないお寺で……参拝客がとても多くてにぎわっていました。観光客らしき人は私1人でした。

建物を正面から見ると、やっぱりここも「屋根にお金をかけています」とわかるくらい飾りがつけられていました。ここの屋根が今回参拝した中では一番キレイで派手かも？と思いました。電光掲示板も組み込まれています。どこのお寺もそうなのですが、建物は

日本とはかなり違う、台湾のお地蔵さん

細かい彫刻や飾りがあって見ていて飽きることがありません。手が込んでいます。

私が建物の写真を撮ったり観察したりしていた時に、幼稚園児くらいの男の子を連れた父親と母親がお供え物をどっさり持って参拝に来ていました。日本ではお供え物を持って参拝に行くということがないため、普通にそれができる、しかも堂々とできる台湾はいいなと思いました。

お地蔵さんはこれまた日本と違って、強そうな、厳しそうなお顔です。冠をかぶっていて、金色のお洋服を着ています。金色のマントも羽織っています。

このように洋服の説明をしていますが、

冠も洋服も実物です。台湾のほとんどの仏様は、仏像なのに布でできた本物のお洋服を着せてもらっており、ここからも台湾の人々の信仰の厚さがうかがえます。冠は王冠っぽくてどこかの王様のようです。

お地蔵さんの内陣の脇には「南無大願地蔵王菩薩」と柱に大きく掲げられていて、これを真言のように唱えるのかな？　と思いました。

「日本のジゾーとは違う」とはご本人の弁です。日本のお地蔵さんは死者に寄り添った仏様で、成仏へ導いたり、死んだ人の世話をしたり、癒やしたり、そのような方面に力を入れています。

このお寺のお地蔵さんは神様的なお仕事をされています。生きている人の人生を良くする、良い方向に導く、願いを叶える、運を与える（金運を含みます）、おみくじで適切なアドバイスを与える、などです。

日本のお地蔵さんのように、ほわんとした優しい雰囲気ではなく、どちらかというと厳しめです。人生を頑張ることにおいて頼れる仏様……頼り甲斐のあるお地蔵さんなのです。

ここはお供え物が非常に多かったです。ペーパークラフトのお供え物がありました。私にはわかりませんでしたが、何か意味があるのでしょう。他にはお皿に載せた生花や、ボリュームばっちりの高価な花束、果物もお菓子もたくさん置かれていました。

本殿前の中庭っぽいスペースで拝んでいる人がいれば、本殿の内陣前で拝んでいる人もいます。内陣の前は混雑していましたが、それでも床に頭をつけて祈っている人がいました。このように熱心に祈っている人をはじめ、お地蔵さんにイエスかノーを聞く筊杯もあるので、何回も放り投げて仏意をうかがっている人もいました。

中央に本殿があって、左右に境内社の建物があります。本殿にも境内社にもミリオンバンブーが飾られていました。やはり赤い紐を蝶々結びにしていて、鉢も赤です。縁起物のパワーが強く、運気を呼び込むアイテムになっていました。

1階から2階へ上がる階段のところは、屋根の近くに行って見学できるように造られています。屋根を近くで見ると、丹精込めて制作した芸術品だということがわかります。

十干十二支、60体の仏像

さて、ここで、このお寺のおすすめをご紹介します。もちろん、パワーあるお地蔵さんが一番おすすめなのですが、それともうひとつ、2階にある「太歳殿」に参拝することをおすすめします。

6畳くらいの部屋になっているのですが、入口に立つと正面に1体仏像があって、見ただけでしっかりした魂が入っていることがわかります。左右の壁際に置かれた台の上には、ずら〜っと同じ系統の仏像が並んでいます。

まず正面の仏像にご挨拶を……と寄って行くと、いきなり、

「自分の神を探してみよ」

と言われました。は？　と意味がわからなかったのですが、ずら〜っと並んでいる仏像をよく見ると、1体1体に名前が書かれています。その名前を見て理解ができました。十《じっ》干十二支《かんじゅうにし》が仏様の名前につけられているのです。

十干十二支とは、甲《こう》・乙《おつ》・丙《へい》・丁《てい》・戊《ぼ》・己《き》・庚《こう》・辛《しん》・壬《じん》・癸《き》というのが十干で、十二支は、子年《ねどし》とか寅年とかの、一般的に言う「えと」のことです。十干は五行（木・火・土・金・水）に2個ずつ分けられ、組み合わせは60通りになります。

つまり、60年間は同じ年がないというわけです。２０２０年は子年ですが、十干十二支で言うと「庚子」で、12年前の子年は「戊子」、12年後は「壬子」となっています。自分の生まれた年は60年に一度しかまわってこないのです。

十干十二支の仏像

その貴重な60年に一度である生まれ年に、専門の仏様がいるというわけです。

私は「壬寅」なので、その仏像を探しました。すると「壬寅太歳賀諤大将軍」というお名前が書かれた仏様がありました。右手を振り上げて剣を持ち、左手にはなんと！　コブラを持っている珍しい仏様です。日本では考えられない持物で、なんだかそれが逆に嬉しかったです。

元夫の生まれ年の仏様はすご〜〜〜くリラックスしたポーズで「なんだか性格が似ているかも」と思いましたし、息子の生まれ年は真面目な仏様が人々を救います！　という感じでした。面白いのです。

60体の仏像をしっかり観察してみたら、いろんなものを持っています。中には何も持っていない仏像もありますし、片手にしか持っていない、という仏像もいます。持物は槍や剣が多く、でも同じデザインではなくて、違うものを持っています。上半身が裸だったり、ヒゲがあったりなかったり、帽子をかぶっていたりかぶっていなかったりと、ひとつとして同じ仏像はありません。

「おぉ〜、この仏像が一番カッコいいんじゃない？」と思ったのは「戊辰」です。なんと！　龍を持っているのです。特別感がありました。正面中央に祀られているのは今年の仏様でした。

私がここにいる時に地元の人らしき女性が自分の仏様のところに行って手を合わせていました。太歳殿、すごく楽しいです。

2階から下を見るとすごい数の参拝客でした。買い物帰りにちょっと寄りました、仕事の合間にちょっと寄りました、みたいな感じの人が多くて、生活に密着した信仰の場のようです。

明るい「気」を持っていて、台北の中心部から少し離れていますが、行ってよかった〜と満足したお寺です。

山の上の個性あふれるお寺

烘爐地南山福徳宮

「烘爐地南山福徳宮《ホンルーディナンシャンフーデコン》」は山の上にあるお寺です。私は海外でタクシーに乗ることはまずありませんが、時間節約のためここだけはタクシーで行きました。ぐるぐると山道を走ってかなり高いところまで登ります。

降車して一番に目に入ってきたのは巨大な仏像というか、人物の像です。うわぁ、大きい！　と驚くのですが、誰なのかがわかりません。境内マップには「大神像」と書かれていました。

さらに、山の上にあるのが「正殿」と「太歳殿」、タクシーを降車したところにあるの

山にそびえ立つ大神像

が「財神殿」であり、石段は「登山石階」と書かれていました。漢字で大体のことがわかるものですね。登山石階の字のごとく……石段はつらかったです。登っても登っても、まだまだ上に続く……みたいな石段でした。

登りきったところにある太歳殿は、非常にキンキラキンキラしたきらびやかな社殿でした。お供え物台の向こうが内陣なのですが、装飾品すべて「金」という華美な造りです。そこにメインの三面千手観音（たぶん）、60種類の十干十二支仏像、他にも仏像が安置されています。目立たない月下老人像もありました。十干十二支仏像はやっぱり全部ポーズや持物が違っていて、いいな〜、楽しいな〜、と拝観しました。

前述しましたが、ここでも金ピカな空間になんだかホッとします。心地よくて、です。右隣に「光明殿」「華陀殿」という2つのブースが新しく作られていました。ここから階段を登ってさらに上に行くと正殿があります。豪華絢爛で特に石板の彫刻が素晴らしく、美術品のような建物です。

正殿の前にも中にも生花の花束のお供え物が多く、お花に癒やされます。ここのお供え物はお菓子を50センチくらいの円錐形に組み立てたものがあり、てっぺんに作り物の桃を載せていました。豚と羊のおもちゃの顔に体がお菓子というものもありました。珍しいのはキャンドルの奉納です。キリスト教の教会のようで意外に思いました。

仏様は数体いるのですが、区別がつかないと言いますか……誰が誰なのかわかりません。道教なのか仏教なのか民間宗教なのかも、もうひとつわからないので質問のしようがないのです。それでも頑張って質問をしてみました。

「あの……日本の仏様と一緒と考えてよろしいのでしょうか？」

「いや、違う」

ですよね〜、と思いました。それは私もそうだと思うので、さらに突っ込んで聞いてみました。

「何が違うのでしょう？」

「（自分たちは）現実界のほうに力を入れている」

「へぇー！」

なるほど、と思いました。たしかに仏様なのですが、言われてみればそこが日本の仏様と大きく違います。どちらかというと、神様のお仕事をしているのが台湾の仏様なのです。仏様は国によって違うのだなと理解ができましたが、それ以上、聞くことがありません（汗）。16時30分になり、鐘と太鼓が鳴らされていたので、ありがたく拝聴しました。

正殿のあとで財神殿に入ってみました。こちらの社殿も何体かの仏様がいます。ここにも道が繋がった月下老人がいました。

「あ！　このお寺にもいらっしゃったんですね」

「そうだ」

相変わらず高い声で返事をしてくれます。このお寺の月下老人はとても陽気な性質です。道はけっこう太いパイプで繋がっていましたし、仏像のお顔が若者なので本人も気に入っておられるようです。

私がそこにいる時に、女の人が一生懸命に祈っていました。月下老人が「見よ」とその人を指します。

「可愛いだろう？」

ニコニコと微笑んでいるのです。月下老人を信じて、誠意を持って一生懸命に祈っている……という、その女性の〝心〟のことを言っています。たしかにその祈る姿は美しく、信じる心は清いと思いました。

「そうですね」

とお返事をしつつ……この女性の願掛けは叶うなぁ、と確信しました。

財神殿には「財神橋」という、社殿内に作られた通路と橋のセットがあります。門から入って通路を歩き、ミニ橋を渡って、最後に鐘を鳴らすという小さなアトラクションです。歩き方の案内がありましたが、読んでもさっぱりわからなかったので自己流で渡りました。縁起の良いアトラクションで楽しかったです。

神仏はお願いされるのを喜んでいる

ふたたびの行天宮

帰国する日の午前中にもう1回行天宮に行きました。私の初台湾取材は、計画していたわけではないのですが、行天宮から始まって行天宮で終わりました。

到着したのは午前9時5分くらいで、正殿では朝の勤行が行なわれていました。50〜60人が勤行に参加しており、読経は木魚のようなものをポコポコ叩きながら、歌うような感じで唱えられていて、明るくテンポの良いお経が境内に響き渡っていました。

ここのお坊さんは帽子をかぶっていないし、黒い服だけで赤い上着も羽織っていません。霞海城隍廟や大稲埕慈聖宮とは宗教が違うようです。勤行は9時45分まで続きました。

女性のスタッフが何名か説明のために待機していたので、話しかけてみました。40代後半と思われるその方は日本語はまったくしゃべれませんでしたが、英語はペラペラで、キレイな発音だったため聞き取りやすかったです。いろいろと教えてくれました。

この方に教わった行天宮での参拝の仕方をお伝えしておきます。

基本動作というものがあって、まず「きをつけ」の姿勢をして、それから手を合わせます。名前、住所、年齢、願い事、を言います。これを４ヶ所でします。

①門（南）に向かって基本動作をする

正殿とは逆の方向、つまり関羽さんがいる正殿に背中を向け、門（南）に向かって手を合わせます。

ここで疑問が湧きました。というのは、門のほうには仏像はありませんし、手を合わせるような仏画などもないのです。信仰の対象となるものがないのにどうして門に向かって拝んでいるのか……初日からそこが不思議でした。

「南のどこに神様がいらっしゃるのですか？」

「天よ。天にいる神様に最初に願い事を言うの」

ああ、そうなんだ〜、とここでやっと意味がわかりました。

②関聖帝君（ご本尊・中央）に向かって基本動作をする
③向かって右側の仏様に基本動作をする
④向かって左側の仏様に基本動作をする

これで正式な参拝は終了です。あとは筊杯で仏様のアドバイスをいただいたり、抜けた魂をもとに戻すための儀式を受けたりします。説明をしてくれた女性が、授与所に行けば日本語ができるベテランがいるから、その人にお話を聞くといいわよ、と言うので行ってみました。

日本人と台湾人の信仰の仕方は似ている

授与所にはおみくじのポイントを説明するスタッフが15人くらいいます。そこで「日本語ができる方がいらっしゃると聞きました」と言うと、1人の女性を紹介してもらえました。80代前半でしょうか、かなりお年を召しておられましたが、すごく元気な女性です。

そこで、私が一番知りたかったことを質問しました。欧米の人の場合、神仏に「お願いをする」ということがないように思います。自分で頑張る、自分で夢を叶えるという考え方なのです。

私は10年間、ネイティブ講師のみの英会話学校に通っていたので、多くの講師に話を聞きました。アメリカに半年住んでいた時は現地の人に聞きまくり、関西では外国の人に日本語を教えていたのでその人たちにも聞き、その後もあちこちで外国の人と話す機会があれば質問をして、日本人とは違う宗教観を学習してきました。

台湾の人とはそのような話をしたことがないので、台湾の人も欧米人と同じ考え方なのかな？　と思ったのです。

日本人は自分で努力をして頑張って、最後の最後、人間ではどうしようもできない部分に関しては神仏にお願いをする人が多いように思います。台湾の人はどっちなのかな？　と純粋に疑問だったのです。

高齢の女性によると、日本と一緒だと言います。この行天宮に来る参拝者は皆さん、関帝に「お願いをしに」来ているそうです。お願いはなんでもいいと言っていました。健康、金運、開運、旅行なら無事に行って帰ってこられますようにとか、手術がうまくいきますようにとかのお願いもいい、と詳しく教えてくれます。関帝に縁結びをお願いしてもいい、とも言っていました。

アドバイスがほしい時はおみくじを引くように言われました。もちろん、筊杯を使って正しく引きます。で、お願いが叶ったらお礼に来るといいよ、ということも言っていました。なんだか親近感が湧く参拝の仕方なのです。

ありがたいお話をうかがえたお礼を述べると、赤いカードのようなものをくれました。

「あなたにお守りをあげるわね」

見ると、赤い紙の袋に入った、「平安」と書かれたカード型お守りでした。大喜びでお礼を伝えると、

「お礼は神様に言いなさい。これはね、一生、持っていていいお守りだからね。大手術する時や、旅行に行く時はこれを持って行くのよ」

そう言って高齢の女性はニコニコしていました。スタッフはボランティアのようで、長い時間いるわけではなく、けっこう入れ替わっています。高齢の女性も席を立ったので交替の時間だったようです。改めて感謝の気持ちをお伝えしました。

高齢の女性は関帝が関羽さんであること、その関羽さんについても少し説明をしてくれました。会話はすべて日本語でしたが、「関羽」というお名前のところだけは原語でした。

行天宮の境内には1メートル50センチくらい（うろ覚えです）の、タッチパネル式の大

きな案内板があります。ちょっと触ってみたら、日本語もありました。関聖帝君＝恩主公＝関羽さんであることや、このお寺が儒教、仏教、道教習合の民間信仰であることが書かれています。65ページで説明をしたお祓いは「収驚」という儀式で、受けた人は心が安定し、精神が満たされるとのことです。代理の人が本人の上着を持って行けば、上着に収驚の儀式をしてくれるそうです。

行天宮では、関羽さんの孫になること（契孫）を希望すると何か祈禱みたいなことをしてくれて、そうなれるらしいです。考え方が日本と違うのですね。これは空海さんの孫になる……みたいな感じでしょうか。

他にも、祀られている5体の仏様の説明があって、全員、もとは人間だということです。私がもらった平安カードお守りは、事務所へ行くともらえると書かれていましたので、ほしいと思われる方は行かれてみてはいかがでしょうか。

生きている時から霊格が高かった関羽さん

最後に、関羽さんにお礼を言うために正殿の一番前に行きました。

台湾の人々はやはり自分の好きな場所で思い思いに祈っています。これは台湾の信仰の仕方の良いところですね。日本のように列を作って並んでいないので、後ろの人に気を遣ったり、祝詞《のりと》が唱えられなかったり、長くお願いができなかったりということがないのです。

関羽さんにご縁をいただいたお礼も兼ねて、お守りのお礼を言いました。この時の私は「関羽」という人物をまだよく知りません。私が持っていた知識は劉備に従っていた、ということだけです。

で、確認をしておきたいと思ったのは、ここにいる仏様が本当に歴史上の人物の関羽という人なのか……ということです。

「あの？　教えて下さい。関帝様は本当にあの三国志の関羽さんなのですか？」

そう聞くと、なぜか関帝はものすごく笑います。次の瞬間に、生前の姿で現れてくれました。

仏像としての関帝は肌が全身赤くて（そのように書かれている書物があるそうです）、ヒゲがもっさもさでびよ～んと長く、眉は逆ハの字につり上がっています。目もにっこりという形とは程遠いつり上がり具合で、怖いという印象の表情です。すぐ横にある2体の脇侍がまったく怖くないので、恐ろしさが引き立ちます。

でも生前の本人の肌は白いです。黄色人種よりも白い感じがします。で、背がものすごく高くて、185センチ？　くらいでしょうか。以前、北京に行った時のことですが、街のあちこちに警察官なのか軍人なのかわかりませんが、2人1組で男性が立っていました。身長180センチ以上の人しか採用しないのかな？　と思ったくらい背が高い男性ばかりでした。肌も白かったです。その時に、中国の北方の人はロシアとかヨーロッパの血が入っているからかな、と思いました。

関羽さんもそのような感じです。一般的なアジア人をイメージすると全然違います。ヒゲも風になびくほどの長さはなく、アゴの下のところまでです。

そして槍のような長い武器を持っています。槍と違うのは、先っちょのところが刀なのです。変わった武器だな……と見ていたら、その武器をシュッシュッシュッと素早く振り回して、脇のところにピタッと挟んで止めました。

きゃ〜！　と歓声をあげて拍手しそうになったくらい、カッコいいのです！　ヒゲをはやしていますが男前ですし、背も高く、ひと目でファンになる女性は多いと思います。

これが生前のお姿です。そして、神々しさが体からにじみ出ています。生きている時からすでに霊格が高かったみたいです。体が光っていますから、見える人が見たら、普通の人間じゃないことがわかる人物だったようです。

一生懸命に生きている人を助けてあげたい

この関羽さんがあちこちの像から人々にアドバイスしたり、開運したり、願掛けを叶えたりしています。やっぱり仏様なのです。日本でいうところの神様の存在とは違います。でも、仏教とも違っています。

正殿の前には願掛けが丸い玉となってたくさん置かれています（見えない世界でのお話です）。その人々の願掛けを、「これは俺が叶えよう」「では、こっちはワシが叶えよう」というふうに、仏様自身が叶えるものを選んで玉を取るそうです。

ですから脇侍の位置にいる仏様は関羽さんの補佐をしているのではなくて、独立した仏様であり、独立してお仕事をされています。願掛けは関羽さん1人が叶えているのではありません。仏様全員の仲が良くて、会議制と言いますか、話し合いで仕事をしているというお寺なのです。

本書をお買い上げいただき、誠にありがとうございました。
質問にお答えいただけたら幸いです。

◎ご購入いただいた本のタイトルをご記入ください。

『　　　　　　　　　　　　　　　　　　　　　　』

★著者へのメッセージ、または本書のご感想をお書きください。

●本書をお求めになった動機は？
①著者が好きだから　②タイトルにひかれて　③テーマにひかれて
④カバーにひかれて　⑤帯のコピーにひかれて　⑥新聞で見て
⑦インターネットで知って　⑧売れてるから／話題だから
⑨役に立ちそうだから

生年月日	西暦　　　年　　　月　　　日（　　　歳）男・女			
ご職業	①学生	②教員・研究職	③公務員	④農林漁業
	⑤専門・技術職	⑥自由業	⑦自営業	⑧会社役員
	⑨会社員	⑩専業主夫・主婦	⑪パート・アルバイト	
	⑫無職	⑬その他（		）

このハガキは差出有効期間を過ぎても料金受取人払でお送りいただけます
ご記入いただきました個人情報については、許可なく他の目的で使用す
ることはありません。ご協力ありがとうございました。

郵 便 は が き

料金受取人払郵便

代々木局承認

6948

差出有効期間
2020年11月9日
まで

1 5 1 8 7 9 0

203

東京都渋谷区千駄ヶ谷 4 - 9 - 7

(株) 幻 冬 舎

書籍編集部宛

1518790203

ご住所 〒

都・道
府・県

フリガナ
お名前

メール

インターネットでも回答を受け付けております
http://www.gentosha.co.jp/e/

裏面のご感想を広告等、書籍のPRに使わせていただく場合がございます。

冬舎より、著者に関する新しいお知らせ・小社および関連会社、広告主からのご案
を送付することがあります。不要の場合は右の欄にレ印をご記入ください。 不要 □

関羽さんの前で何回も何回もお辞儀を繰り返している人がいれば、頭を床につけて土下座のようなポーズで祈っている人もいます。信仰心の厚い人がたくさんいるのです。

「良いことだ」

関羽さんは参拝者を見てそう言います。

人生に行き詰まった時、苦しい時、つらい時に、このように神仏に助けを求めるから、神仏は手出しができると言います。変な言い方ですが、堂々と助けてあげられるそうです。

もしも、人間が神仏にお願いをしなかったとしたら……神仏は頼まれてもいないのに、勝手に手を出して助けることはできません。というか、神仏ルールに反するので、そのようなことはしないのです。

神仏には守ってあげたいという人間がいます。一生懸命に生きている人、他人に優しくできる人、素直でピュアな人など、力になってやりたいと思う人がいるのです。けれど、お願いをされなかったら、助けてあげることができないのです。救うこともできません。

神仏にお願いをすることはそういった意味で良いことである、と関羽さんは言っていました。つまり、関羽さんにすればお願いをされたいということですね。人間の力になってあげたいと思われているようです。

関羽さんは心が洗われるような笑顔を見せてくれます。もちろん、生前のお姿で。爽やかで神格も高く、強いパワーをお持ちの仏様です。ああ、またお会いしたい〜！　と心から思う仏様でした。輝くような魅力をお持ちでした。

第3章

縁起物で運あつめ

手軽にチョコチョコできる運の蓄え方

運玉は強力に効く！　けれど……

そんなに大きな不満はないけれど、もうちょっと人生を上向きにしたい……と思っている方は多いのではないでしょうか。あるいは「全然幸せだと思えない人生です。なんとかして好転させないと生きるのがしんどいです」という方もいらっしゃると思います。

人生を良い流れにするにはいくつか方法がありますが、神様に良縁をいただくことが私の一番のおすすめです（第4章で詳しく説明します）。そこに〝運〟を味方につけることができたら、これが最強ではないかと思っています。こうすれば、驚くほど良い方向に人生が展開していくからです。

味方につける運はそんなに大きくなくても、運が神仏の恩恵を拡大してくれるので、頑張って大きなものを捕まえなくても大丈夫です。

重要なのは味方につける運の〝大きさ〟〝強さ〟ではなく、小さくてもいいから、その運を逃さない、離さないことが大切なのです。

古今東西で一番運が強かったのではないかと思われる人物、豊臣秀吉さんに「運」について教えてもらいました（詳しい内容は『運玉《うんだま》』という本に書いています）。秀吉さんが草履《ぞうり》取りから天下人になるまでの、おそるべき運の上昇は、運玉という玉を心の中に持っていたからでした。

運玉をせっせと磨いて大きくする……運玉を育てるということの行為は、言い換えれば、自分で自分の運を育てるということです。最初は極小である運を根気よく気長に育てていって、最終的に大幸運をつかむという方法です。

秀吉さんが実践していただけあって運玉磨きは効果があります。私はこの運玉を磨き始めてからブログが書籍化され、本も次々に発売され、本書が20冊めの単行本になります。文庫本も3冊発売し、私が監修したＣＤも出ています。本当に運が育っていく秘法なのです。

しかし……ここだけの話、運玉を育てるには地道な努力が必要です。根気もいります。「キー！　面倒くーさーいー！」と思ってしまうこともしょっちゅうです。忙しくてバタバタしていると、運玉磨きを思いっきり忘れて、ハッと気づくとずいぶん時間がたっていた……ということも1回や2回ではありません。

運を大きくするぞ〜！　と最初は気合いを入れて頑張っても、長〜〜〜く続けていかなければいけないので、どうしても尻すぼみになってしまうのです。それがこの方法の難しいところです。

縁起物で手軽に運あつめ

運を味方につけるには運玉を磨くしかないのか？　と言いますと、実はもっと簡単な方法があります。まったく面倒くさくありませんし、忘れていても問題ない、というものです。

ただし、これは運玉のように運が育っていく、大きくなっていく、強くなっていく、最終的に巨大な幸運になる、というものではありません。小さな運をちょこちょこっと呼んで、チマチマッと集める、それをゆるやかに蓄える（ガッチリ抱え込んで離さないという強さはありません）、というものです。

それが「縁起物を飾る」という方法です。ブログでも著書でも縁起物について何回か書いていますが、本書ではもっと掘り下げてみようと思います。

まず、私が言う「縁起物」とは何か？　ですが、代表的な形と言いますか、見ためをあげると、飾りがたくさんついた熊手、七福神の置物などです。神社仏閣の授与所で購入できる、これらのものがわかりやすいかと思います。

熊手は関東なら酉《とり》の市で買うようなもの、関西だったら十日えびすですね。大判小判や金色の米俵、赤い鯛、えびすさんや大黒さんの顔、打ち出の小《こ》槌《づち》、稲穂などが飾られています。大きければ大きいほどいいのかというとそうでもなくて、小さくても運を呼ぶ力は同じです。

七福神の置物はたいてい、大黒さん、えびすさん、布袋さんのいずれかです。1体のみの置物が多いのですが、大黒さんとえびすさん、みたいに2体セットになっているものもあります。陶器や木彫りなど素材はさまざまです。

他にはどのようなものがあるのかと言いますと……その神社の神様や眷属とされている

動物の置物です。稲荷神社だったらキツネの置物、カエルがいる神社だったらカエルの置物、狼や牛、猿などですね。

鈴は飾れるように紐がつけられていてちゃんと鳴らせるものや、ミニ神楽鈴《かぐらすず》として作ってあるもの、さらに年始だったら土鈴《どれい》もあります。

絵馬は絵柄によります。同じ神社で売られている絵馬でも、縁起物になる絵馬とそうではない絵馬があるのです。そこに何が描かれているのか、というよりも構図や配色が大事です。

特殊な形のお守り……たとえば三面鏡のようになっているものは縁起がいいです（ちなみに一般的なお守りは縁起物ではありません）。おみくじが入っている動物や眷属の姿をした入れ物というのもたまにあります。龍だったり猿だったりカラスだったり、そのような形の入れ物です（おみくじはいくら大吉でも縁起物ではありません）。

種銭《たねせん》や、招き猫、宝船の絵など、それはもう、多くのものが神社仏閣で売られています。

熊手はどこでどれを買っても福を呼ぶ

今、ここに書いたものが〝すべて〟縁起物かと言うとそうではありません。どこで買っても縁起物、どれを買っても縁起物というように、全部が福を呼ぶわけではないのです。たとえば、大黒さんの置物といってもポーズや表情はさまざまです。暗い顔をしたものや福々しくないものもあります。それらがすべて運を呼ぶ縁起物ではありません。運を呼ぶものはただの置物と違って、パワーを持っているのです。

私は日本全国あちこちの神社仏閣を参拝しています。たくさんの授与所を見ています。けれど「皆様！　これは縁起物ですよ！」とおすすめできるものはそう多くありません。ですから、「おぉ〜、これは福を呼ぶな〜」というものを見つけた時は、写真をブログにアップしたり、著書でご紹介したりしています。

ただ、「どこで買っても、どれを買っても、ほぼすべてが縁起物です。福を呼びます」と言えるものが2つだけあって、そのひとつが熊手です。その理由は、熊手は〝動かす〟縁起物だからです。動かしてパワーを発揮させます。

熊手に関して言えば、飾る場所は西の壁です。そして時々手に取って、そこらへんに散らばっているであろう見えない福運をかき寄せる仕草をします。両手で棒の部分を持って、実際に地面をかくようなポーズでシャカシャカとかき寄せます。下だけじゃなく、正面も上空もかいて、あちこちの福運を熊手でかき集めるのです。福運をかき集めるのは熊手しかできません。

熊手は農具であり掃除用具ですから、もともと穀物や落ち葉などをかき集める道具なのです。熊手本人もそれをわかっています。なので、この仕事を見えない世界でもさせるというわけです。現役として働いてもらいます。

破魔矢は弓がなければ射るまねをしても仕草自体が正しくありませんし、招き猫も手をおいでおいでするように動かすといいのですが、手だけが動く招き猫はそんなにないと思います。どちらも１００％正しい動かし方じゃないのですね。破魔弓と破魔矢のセットだったらできますが、ケースに入ったものばかりなのでやはり難しいと思います。

熊手だけは自分が動かして、それにより熊手本来の力を発揮させることができるため、ほぼどれでも縁起物というわけなのです。ですから、「どこで買うのか」よりも、「自分に合ったもの」を買うことを重視したほうがいいです。同じものが何個か並べられている中で「これだ！」と思ったものを買います。それがその人に〝合う〟熊手です。

私は毎年、神社でお正月に購入しています。徐々に大きくしていくといい、という説もありますが、初回に小さなものを買い、2回めにサイズアップをしました。それ以降はずっと同じ大きさのものを買っています。

高野山の宝来は文具店のものでも縁起物

どれを買ってもほぼすべてが縁起物の2つめは高野山の宝来です。こちらもそのものが持つ機能によって縁起物となっています。お寺ではなく、文具店で買っても縁起物です。宝来とは、高野山でしめ縄の代わりに昔から飾られてきた「しめ紙」です。空海さんが中国からもたらしたそうです。和紙を切り抜いて絵柄が表現されており、松竹梅、宝船、干支、寿《ことぶき》という文字、宝珠などおめでたい柄になっています。

飾り方のコツは、赤い台紙は捨てて、宝来のみを風通しのよい場所に掲げます。高野山のあちこちのお寺やお堂、奥之院などで飾られているものを見ることができますから、そちらを参考にして同じように飾ります。

壁に貼るのではありません。床の間の手前や長押《なげし》など、高い位置、風通しのよい位置に掲げることが大事です。こうすることで切り絵の隙間を風が通り抜けます。ここがポイントなのです。

和紙に切り抜かれた、宝船や宝珠などの縁起の良い絵のとおりに風が通り抜ける、つまり風が縁起の良い絵を常に描き続けている……という状態を作るのです。これは和紙がパワーを持っているのではなくて、その機能、状態が縁起がいいわけです。

よって、どこの文具店（高野山ではなくても）で買っても立派な縁起物となるのです。

土産物屋で出合った、魂の入った縁起物

北京の空港で買った2個の〝おっちゃん〟

では、神社仏閣以外で購入するものはどうなのでしょうか？　という質問にお答えするのは非常に難しいのですが……縁起物があることはあります。でも、出合う確率はそんなに高くはありません。

介護のお仕事をしていた時に私が担当していた利用者さんで、ものすごくお金持ちの方がいました。その家には立派な布袋さんの木彫りの像があって（高さは60センチくらいでした）、その像がすごい縁起物だったのです。見てすぐに「すごいパワー！」とわかる、内側から輝くような力を持った置物でした。

どう見ても神社仏閣で買ったものではなかったので、普通のお店で買ったものでも、こんなに強くて運を引き寄せる縁起物があるんだな～、と驚きました。

そしてこれは私の体験です。北京から帰る時に空港であれこれお土産を見ていたら、なぜか強烈に私を引っ張る……陶器でできた〝おっちゃん〟の置物がありました。おっちゃんがアグラをかいている小さな像で、それが目をとらえて離しません。

手のひらに乗るサイズで、おっちゃんは着物のようなものを着ていますが、でろりんと前がはだけています。着物の背中には〝福〟と、でかでかと書かれていて、何やら縁起物のようでした。

福助のようなぽっちゃりした顔なのですが、ニヤリと笑っていて、なんだかちょっと不気味に見えたりもするのです。坊主頭なので僧侶の可能性が高く、異国の僧侶ですから「それだったらいらないんだけどな～」と思いました。

でも、背中にどでかく福と書かれていて、それはつまり福を背負っているわけで、仙人かもしれません。もしかしたら中国の福の神かもしれず、仏様の像かもしれないのです。空港で買うお土産は開眼（仏像に魂を入れる儀式です）されていないでしょうから、仏様に繋がる道はありません。ただの置物です。だったら神様でも仏様でも、もしも僧侶だとしても、まぁ、いいか、と買って帰りました。

その置物はなぜか、2個だけしか売られていませんでした。置物から「ニコイチ！」という感じが濃厚に漂っていたので、2つとも買いました。

帰国後、ひとつを元夫にあげようとしたら、元夫は置物をじぃぃぃぃーっと観察して「なんだか薄気味悪いからいらない」とあっさり断わりました。だよね、私もそういう気持ちだったのよ、北京で……と激しく同意しましたが、もらってくれないので仕方がありません。私の寝室のタンスの上に2個をくっつけて置きました。

態度のでかいおっちゃんたちから謎の要求

そのまま、何事もなく月日は流れ……2個並んだおっちゃんたちは本当にただの置物でした。

そんなある日のことです。掃除をしていて、ついでにおっちゃんたちの頭の上のホコリを払っていたら「北東に向かせろ！」と聞こえました。

え？　だ、誰？　誰の声？

あたりを見まわしましたが、家の中で神仏の声が聞こえるわけがないので、神仏ではないことは明らかです。内容からしても、距離からしても、おっちゃんたちだと思うのですが、それまで魂が入っているように感じなかったので意外でした。

「今、しゃべったの、おっちゃんたちですか？」

と聞いてみましたが、返事はありません。置物の顔から、

「1回しか言わん！　耳の穴をかっぽじってよーく聞いとけ！」

というオーラをガンガンに出しています。もしかしたら「おっちゃん」という呼び方が気に障ったのかもしれません。

第一印象は、むちゃくちゃ偉そうなんですけど、この人たち……でした。そしてその印象は最後まで変わることはありませんでした。とりあえず、言われたとおりに2体とも北東に向けて置きました。北東は鬼門なので、きっと何かわけがあるのだろうと思いました。

それからまた、何事もなく月日は流れました。2個の置物がしゃべることはなく、気配すら感じさせず、静かな置物のままでした。

そんなある日のことです。高野山に行ってストラップになっている五鈷杵《ごこしょ》を購入しました。五鈷杵は密教仏具なので、見えない世界の悪いものから身を守るために使えないかな、

と思ったのです。いろいろとやってみましたがそのような用途には使えず、「身を守るグッズにはならないな〜」と、ストラップ五鈷杵をテーブルの上にポンと置いた時です。

「それを貸せ！」

と聞こえました。

は？　もしかして今の声はおっちゃん？　と思い、

「あの〜？　今しゃべったの、おっちゃんでしょうか？」

と聞いてみました。しかし、返事はなく、

「だからっ！　1回しか言わんと言っているだろうが！」

というオーラがグイグイと私を押します。

うひ〜、相変わらず態度でかいなぁ、と思いました。うちに居候している身分なのだから、もうちょっと謙虚でもいいのではないでしょうか？　と思いつつ、五鈷杵をおっちゃんたちの前に置きました。これは偶然なのですが、五鈷杵はたまたま2個買っていたので、おっちゃんに1個ずつ貸してあげました。

置物が来てから運が徐々に上向きに

そしてそれからまた、何事もなく月日は流れていきます。2人は日本でどんな修行をしていたのか、うちからどこかに出かけたりしていたのか、というか、誰なのかということすら、サッパリわかりません。おっちゃんは要求する時以外は何を語るわけでもなく、ただの置物と化していたのです。

おっちゃんたちがうちに来て、ちょうど1年半、18ヶ月がたった日のことでした。

「中国に帰る！」

と、おっちゃんは唐突に言いました。

「へ？　私、中国になんか行く予定ありませんけど？」

「海に流せ」

「えええーっ！　海!?　海まで行け、と？」

おっちゃんは例によって、1回しか言わんオーラ全開です。

「ええーっっっ！　ま！　まさか今から海へ行けとか言わないですよね！」

この時、夜の8時をまわっていたのです。当時、住んでいた家から海まで行けないことはありませんでしたが、時間がかかります。しかも、仕事から帰ったばかりだったし、翌日も仕事なのです。

「いやいやいや、今から出かけるの無理だから」

おっちゃんは私のそんな事情、抗議などどこ吹く風です。

「まず、塩で清めてから持ち出せ。海に流す前にも塩で清める必要があるから塩を持って行け。この法具も一緒に流せ」

と詳細を説明するのです。だから〜、今から行くの、嫌だって言ってるじゃないですか〜、と思いつつ、逆らえない雰囲気だったので、しぶしぶ出かけました。最後の最後まで偉そうな態度なのです。

海に着いて、言われるままに塩で清めていたら、

「ここの場所を教えろ」

と言います。そこで頭の中に日本地図を思い浮かべて、

「日本のこのあたりです。中国へはこのルートだと思います」

と教えました。そして、おっちゃんたちを海に流し、五鈷杵も一緒に流してあげました。

すると、

「世話になった。ありがとう」

と聞こえたのです。最後はちゃんとお礼を言ってもらえました。

へとへとになって帰宅すると、2人がいた場所にはぽっかりと空間があいていて、あの2人は意外と大きな力があったのだな、と気づきました。結局、誰なのかわからないまま、2人は帰ってしまいました。

あの2人は仏格の高い仏様を目指す存在ではなかったか、と考えています。それにしては、態度がでかくて笑ってしまいましたが。でも、思い返してみれば、2人が来てからというもの、私の運は徐々に上向きになりました。

このように、神社仏閣ではない、空港のお土産屋さんで買った置物なのに、魂が入っていることが、〝ごくまれに〟ですが、あるのです。出合う確率は低いと思われますが、でも、探せばあります。

縁起物の力を最大限発揮させるために

買う前にじいっと見つめてみる

縁起物を手に入れる方法としておすすめなのは、神社仏閣で購入することです。

神社仏閣で、たとえば大黒さんの置物でも、絵馬でも、縁起物とそうではないものに分かれるのなら、どのようにして判断すればいいのか……が、次のポイントとなってきます。

これは「わかる」能力がアップしてくると、なんとなくでもわかるようになります（「わかる」能力については『和の国の神さま』という著書に詳しく書いています）。この能力を使うと「わかる」ため、自分で縁起物なのかどうかの判断ができます。

まだ「わかる」能力は訓練中です、という方は、守護霊に教えてもらう、ご縁がある神仏に教えてもらう、という方法があります。こちらだと間違いなく縁起物がどれなのかを教えてくれます。

どう教えてもらうのかと言いますと、直感です。守護霊は直感に働きかけることが得意ですし、神仏にも「縁起物を買いたいので教えて下さい」と手を合わせた時に言っておけば、直感という形で教えてくれます。

何種類かある絵馬をじぃ〜〜〜っと見つめていると、「ああ、これだな」とピンとくるはずです。逆にパッと見た瞬間にひとつだけが輝いて見える、というパターンもあり、こちらも直感で教えてもらっています。

ピンとくるものがない、輝いて見えるものもない……という場合、そこには縁起物がないということです。縁起物はどこの神社仏閣にも必ずあるというわけではありません。ご自分の直感や守護霊、神仏を疑うことのないように、ないこともある、と知っておくのも大事かと思います。

縁起物は必ず袋やカバーから出して飾る

縁起物には3種類あります。1つめはさきほど説明をした「動かすことで運を呼ぶもの」です。熊手ですね。動かさなければ機能しないという縁起物です。宝来もこの種類です。風が通らなければ縁起物になりません。

2つめは「そのまま置いておくだけでOK」の縁起物です。熊手と宝来以外のほとんどがこのタイプです。

購入して帰宅したら、透明の袋など縁起物を覆っているものをすべて外します。汚れそうだから袋に入れたまま飾りたいと思うかもしれませんが、そうしてしまうと運を呼ぶ力も封印することになるのです。

私は透明の筒に入った東京タワーの置物を買ったことがありますが、筒は無理やり外してタワーの模型だけを飾っています。運を呼ぶ縁起物は何かで……たとえ透明の薄いものだったとしても覆ってはいけないのです。

あとは飾るだけです。神様ではありませんから、縁起物の上に「雲」という文字を書いた半紙を貼る必要はありませんし、高い位置に置かなければいけないということもありません。好きな場所にただ、置いておく……これだけでいいのです。

期限に関しては、神社仏閣で購入したものの目安は1年です。1年たったけれど、まだパワーがありそうと思えば継続して飾るといいです。

1年で神様の波動は抜けてしまいます。しかし「運を呼ぶ力」は波動とは別なので、運を呼ぶ力がまだあるな〜、と思ったらそのまま飾っていても問題ないです。前述した介護職時代に見た強い布袋さんは年季が入っていました。

いくつもの縁起物を飾っていると、そのあたりが明るくなります。毎日、意識しなくても目に入っていますから、縁起物の「気」がなんとなくでもわかってきます。パワーが減ってきたもの、運を呼ぶ力がなくなってきたものが判別できるようになります。

そうなったらそれは処分して、また新しいものを飾るといいです。パワーがなくなっても運を呼ぶ力がなくなっても、悪いものに変化するわけではありません。ただの置物になるだけですから、そのまま飾り物として置いておいても問題ないです。

神様に宿っていただく場所としての縁起物

さて、縁起物の種類ですが、3つめは「神様が来てくれた時のため」に用意をしておくものです。

便宜上、神様と書いていますが、正確に言えばその神社にいる「ご祭神ではない神様」「眷属」「神様修行中（もうすぐ神様になるレベル）の存在」です。このうちのどなたが来られても、来てもらえること自体が非常にありがたいことであり、光栄なことでもあります。

眷属は神様のお仕事を手伝っていて、それが修行となっています。しかし、ひとつの神社に膨大な数の眷属がいると、お仕事が隅々まで行き渡らないのです。眷属の中には「もっと頑張りたい！」という向上心があるものがいますし、仕事がないのなら怠けようという眷属はいませんから、自発的に修行を見つけて頑張ります。

神社に来る参拝客を見ていて「この人を守りたい」と思う人を見つけたら、メインの神様に許可をもらってその人について行きます。家まで行って、その家に鎮座するのです。それまでは神社が活動の拠点でしたが、その家が拠点となります。

神様修行中の存在が来てくれるのも同じ理由です。ご祭神ではない〝神様〟の場合は、眷属と違って修行をする必要はありませんから、本当にその人のことを守ってあげたい、と人物に惚れ込んで来てくれています。

どのお方が来ても、神様が1柱常に家にいるわけですから、あらゆることで助けてもらえます。苦労が減っていきますし、家運が上がります。家にいてくれる期間はそれぞれで、5年、10年、30年、中には一生という神様（眷属、神様見習いを含みます）もいます。

家に神様が来る別のパターンとしては、眷属の見まわりがあります。こちらは神社で願掛けをした内容によって、来てくれることがあります。神様が時々様子を見なければいけないものだったら、神様の代理として眷属が定期的に見まわりに来ます。

たとえば、牛頭《ごず》天王に「意地悪な人から飛んで来る悪念から守って下さい」とお願いをすると、悪念が飛ばされていないか、眷属が時々見に来てくれます（牛頭天王の場合は縁起物ではなくおふだが必要です）。

その神社を特に熱心に、心から信仰している人を眷属が厚意で見まわっていることもあります。無事に暮らしているのか、何か不幸が訪れていないか、などをチェックしてくれているのです。このようなありがたい神社もあるのです。

座敷わらしも気が向けば遊びに来てくれます。座敷わらしはずっと家にいてくれれば飛躍的に運が向上する精霊です。昔は訪れた家だけに滞在していましたが、近年はあちこち自由に遊びに行くという方式にしている座敷わらしがいます。ですから、ドッカーン！と大金持ちになる、というごりやくではなくて、ありがたい感じでうまくうるおうという恩恵をもらえます。

このように、神様や眷属、修行中の存在が〝向こうから〟来てくれることがあるのです。来てもらえたら人生が好転します。思いがけない僥倖《ぎょうこう》ですね。

神様や眷属に来てもらえたらそのままずっといてもらう、見まわりや遊びに来てくれるルートに入っているのなら、この先も変わらずに来ていただく、というのが理想です。そこで非常に重要なのが「宿る場所」になるのです。

宿る場所がなければ神様・眷属はそのままお帰りになります。神様・眷属が向こうから来てくれるのは千載一遇のチャンスと言ってもいいくらい、ありがたいことであり、珍しいことなのに、宿る場所がなければそのチャンスを棒に振ってしまうのです。

福を招くものと神様に宿ってもらうものは扱い方が変わる

『神様が教えてくれた金運のはなし』という本に、宿れるものはどのようなものかについて書いていますので、ここでは軽くご紹介をしておきます。

まず平面的なもの、紙には宿りにくいので絵画はやめておきます。立体的なものでも、ドライフラワーなどの以前生きていたものや、ぬいぐるみなどの布製品、プラモデルのような細部までがチマチマしたものには宿りません。

縁起物に宿ることが多いので、壁にかける七福神のお面とか、古代の剣（刀ではありません）、七福神や宝船や龍の置物、打ち出の小槌、神社などで購入した鈴、絵馬がおすすめです。私の家に時々来るお稲荷さんの一団は、最初は絵馬に宿っていましたが、現在は日枝《ひえ》神社で購入したキツネの置物に宿っています。女の子の座敷わらしが来た時は同じく神社で購入した、木彫りのえびすさんに宿っています。

縁起物は、基本どこに置いてもOKです。おふだとは種類が違うので、高い位置に置かなければいけないということはありません。私はテレビ台の上にあれこれ置いていますし、低いラックにもたくさん置いています。置く場所によって、縁起物の力が翳《かげ》ることはありませんから、そこは心配しなくて大丈夫です。

しかし、神様・眷属が来てくれた時に宿る用として置くのなら、できるだけ「目の位置より上」に置きます。我が家を例にしますと、時々お稲荷さん一団が来て宿るキツネの置物は、冷蔵庫の上に置いていますし、座敷わらしが遊びに来た時に宿る木彫りのえびすさんはオーブントースターの上です。お稲荷さんが絵馬に宿っていた時はカーテンレールの端っこに吊るしていました。

置く場所を確保したら、宿る用の縁起物は時々ホコリを払う程度のお掃除をして（半年～1年に1回です）、放っておきます。ここ、重要です。

熊手は実際に手に持ってかき寄せる、鈴だったら時々鳴らすことが大事なのですが、それは〝縁起物〟として機能させるためです。神様や眷属が宿るかもしれないものは、縁起物ですが、別物と考えて下さい。神様や眷属が宿るのですから、ペタペタさわらないほうがいいのです。ご神体を手でさわらないのと同じです。

神様や精霊が縁起物に宿ると、何かしら変化が起こることがあります。我が家の絵馬にお稲荷さんの一団が宿った時は、絵馬がずっしりと重たくなりました（紐で吊っていたので重量の変化が一目瞭然でした）。座敷わらしが宿ったえびすさんの木像は大黒さんと一緒に木の箱に入っているのですが、えびすさんの色だけが変わりました。

宿ったことに気づくためには小さな変化を見落とさないことが大切ですから、初めて飾った時の写真を撮っておくといいです。写真があれば細かい変化も見逃さずに済みます。

しかし、宿った縁起物に必ずしも変化が起こるというわけではありません。色も変わらず、重さも変わらず、見た目はずっと同じ状態というほうが多いのです。縁起物に変化がなければ、別の方法で知ることができます。ただし、宿っている神様が、ご自分が宿っていることを〝伝えたい〟と思われている場合です。

「守っているから安心しなさい」「不安にならずともよい」という意味で、本人が心穏やかに過ごせるよう、宿ったことを伝えることはありますが、ほとんどの神様は自己主張をしないので、さりげな〜くしか知らせてはくれません。気づかなければ、それはそれでよい、というお考えなのです（気づかないから帰るということはありませんので、ご安心下さい）。

気づくためには、「神様が何かわかるように知らせてくれるはず」と神様に丸投げをして、受け身で待つのではなく、さりげない小さなサインを自分で見つけます。

たとえば絵馬だったら、何気なく目をやった時に一瞬揺れたりします。風もないのに、です。事あるごとに何回も揺れるのではなく、たぶん1回きりです。あっても2回程度です。ゆらっと一瞬揺れるだけなので、「あれ？　気のせい？　錯覚？」で終わってしまって、そのようなことがサインであると知らなければ、気づかないかもしれません。

風がびゅうびゅう吹いたりしない家の中なのに、絵馬の位置が微妙にズレている、というのも、来ていることをさりげなく知らせています。

「ワシがいることを知っといてほしいねん」という、性質の明るい、陽気な神様や眷属が来た場合は、絵馬がひっくり返ったりするような派手なお知らせをしてくれるかもしれません。どれも「ただの偶然」で片付けてしまえばそれまでですから、小さなサインや変化を見逃さない、というのが宿ってもらえたことに気づくコツになります。

宿ったかも？　となっても、水などはお供えしません。神棚ではありませんから、神様も眷属もその水は飲みませんし、そのようなことをすると幽霊が飲みに来たりするのでやめておきます。向こうから来てくれた場合は、本当に放っておいても大丈夫なのです。

どこの神社で買った縁起物でも問題なく宿れると思いますが、牛頭天王と安倍晴明さんの眷属だけは、専用のおふだが必要です（牛頭天王なら牛頭天王の神社、晴明さんは晴明神社で購入します）。

人生を変える縁起物コーナー

見えない世界といっても、神様や仏様、眷属や自然霊、妖精や妖怪などは見える人には見えます。けれど、〝運〟自体は見えません。運は物質のような感じで固まって存在するのではありませんし、モノとなっていませんから、そもそも形がないのです。言ってみれば空気みたいなものです。

そこに「ある」とか「いる」というものでもないため、どんなに見ようとしても運そのものを見ることはできません。自分が今どれくらい運を持っているのか、という量は見えないのです。

運自体は見えなくても、それを呼ぶ縁起物のことはわかります。本当にパワーがあってしっかりと運を呼び込むものなのか、それとも福々しいのは見た目だけなのかは、「わかる」能力を磨けばちゃんとわかります。

縁起物は神仏のように大きなパワーを持っているのではありません。あくまでも縁起物です。ですから、いくつかを常に飾っておくことがおすすめです。全部が本物だったら、その一角は「楽しく」「明るく」「にぎやか」なものになります。小さくてもこのような場所が家にあるだけで全然違います。

いくつかを飾って縁起物コーナーを作ったのに半年たっても運が上がった気がしない……という時は、その中の何体かを別の縁起物と交換してみたり、新しく縁起物の仲間を増やしてみたり、いろいろと工夫をするといいです。

神仏のご加護に加えて縁起物が運を呼ぶと、驚くほど人生が変わっていきます。

第4章

神仏との良縁

神棚に「向こうから」来ていただくために

神様を勧請するのはあらゆる意味で大変

私のブログには日々多くのメッセージが届きます。出版社さん経由でお手紙を送って下さる方も多いです。そこには読者さんが体験された、本当に不思議な出来事が書かれています。神仏が起こしたとしか思えない、神秘的なことが読者さんにも普通に起きているのです。

皆さん神仏に深いご縁をいただいて守ってもらっているのだなと思うと、読んでいるこちらまであたたかい気持ちになります。このような方がもっと増えればいいな、と心から思います。

そこでこの章では、神様に良縁をいただくコツを詳しく書きます。ここで私が言う良縁とは、神様に「家に来ていただく」ことです。家の中に神様がいる、ということは、小さな神社が家の中にあるのと同じです。神様の存在で家が明るく、パワーのある場所になるのです。

神社の神様はそこに参拝する人すべてを守っています。願掛けを叶えるお仕事も多くあり、緊急で参拝者を守りに行ったり、神様本来のお仕事もあって、大変忙しくしています。ですから、一個人を〝常時〟守ることは難しいのです。

しかし、家に来てくれた神様は家族以外の人を守りません。家族だけをしっかりと常に守ってくれるのです。心のささえになりますから、安心して生活ができます。ありがたいことに、お願い事も叶いやすく、人生を良い方向にシフトさせるきっかけにもなります。

神様に来てもらう手段として考えられるのは、霊能力がある人、または神職さんに「勧請をしてもらう」、神社に「分霊してもらう」ということではないでしょうか。

勧請を簡単に言うと、神様にその気がなくても、「我が家に来て下さい」とお願いをして来てもらうことです。

神様は人間よりもはるかに高次の存在であり、人間が簡単に操作できる相手ではありません。神様にも意思がありますから、頼まれるままになんでも人間の言うことを聞くわけではないのです。嫌だと思われるところには行きません。ですから、神様を勧請できるのは神様を説得できる人だけ、と言えます。

分霊をしてくれる神社もあります。ただ、ここだけの話、それなりの儀式をしてもらっても、神様が入っていないことは普通にあります。勧請と同じで、その家に行くかどうかは神様の意思次第だからです。

神様が来ていないことがハッキリと確認できれば、お供え物などのお世話はしなくてもいいのですが、どちらかわからなければ〝欠かさずに〟しなければなりません。こちらから〝無理を言って〟来てもらうからです。お供え物をサボる、お世話を適当にする、ということはありえないのです。厳しい性質の神様（眷属）だったら、あまりにも適当なことをしていると障りが出ることもあります。

ここが、勧請・分霊をして来てもらった場合の難しいところです。

「向こうから」来ていただくのがもっともよい

勧請や分霊をしてもらうことなく、神様に家に来ていただくにはどうすればいいのか……問題はここです。

あちこちに書いていますが、京都の「伏見稲荷大社」には膨大な数の眷属がいます。仕事が隅々まで行き渡らないので、自分から修行に出る眷属もいます。参拝客の中から好ましい人を見つけ、その人について行くのです。

この場合、眷属のほうから……こういう言い方はどうかと思いますが、あえて言えば、勝手に向こうから来るわけです。勝手に来るので、宿る場所は眷属が自分で探します。縁起物などがその家にあれば、そこに宿ります。

滞在してくれる期間は半年とか1年かもしれませんし、もしかしたら10年いてくれるかもしれません。一生ということもあります。自発的な修行ですから、そこはカジュアルな感じでフリープランなのです。しかも、神棚に鎮座しているのではないため、自由に出たり入ったりしています。

このようにして来られた場合のお供え物は不要です。向こうから来てくれたら、何も気を遣わなくていいというのが、こちらとしてもありがたく気楽なところです。出たり入ったりしていますから、常時いるのではなく、しばらくいないこともあります。そこが神棚に入ってもらうのとはちょっと違うわけです。

私のおすすめはこの「向こうから」来ていただくこと、来てもらえたそのチャンスを逃さない、ということです。神様に向こうから来てもらえるのは非常にまれです。めったにないのですが、もしもあった時のために、宿る場所はあらかじめ用意しておいたほうがいいですよ、と以前におすすめをしましたし（『神様が教えてくれた金運のはなし』という本に書いています）、本書でも宿る場所については第3章に詳しく書いています。

まれとは言っても、伏見稲荷のような神社もあり、よく行く神社やご縁をいただいている神社だったら来てもらえる可能性があります。たくさんの眷属がいる神社だったらなおさらです。

神棚にはお鏡も用意しておく

フリープランで出たり入ったりされる、いつ神社に帰られるのかわからない滞在ではなく、しっかり神棚に鎮座してもらいたいです、という方もいらっしゃると思います。

神棚に来ていただく場合でも、一番いいのは、神様・眷属に「神棚に鎮座してやろう」

「守ってやろう」と思ってもらうことです。神様・眷属がご自身の意思で来られたら、それが神棚であっても、お供え物をしなくても機嫌を損なうことはありませんし、逆にお供え物をしたら喜んでもらえます。上機嫌でいてくれるというわけです。

それにはまず、神棚を設置します（『神社仏閣 パワースポットで神さまとコンタクトしてきました』という本に詳細を書いているので、よかったらそちらを参考にして下さい）。

補足としてお伝えしたいのは天井に貼る「雲」と書いた半紙のことです。これは字が下手でも、人が来た時に恥ずかしいと思っても、筆で書いたほうがいいです。

私の弟が半紙をオシャレな「雲」と交換したら神様のパワーが低下しました。「雲」は形式的なものではなく、神様の居場所に影響をおよぼすものなので、墨で書くことがおすすめです。

神棚に入ってもらいたい場合はお鏡も用意しておいたほうがいいです。私の言うお鏡とはお社《やしろ》の扉の前に置くタイプのものではなく、小さな（たぶん一番小さいサイズです）お社の中に入れられるもののことです。たとえば3社用のお社なら、扉が3つあって、中の空間も3つありますが、その中にお鏡を入れるのです。

このお鏡はご神体として、神様に宿っていただくものです。昔から神様が宿るものとして「磐座《いわくら》」や「神籬《ひもろぎ》」があることは皆さんご存じだと思います。神社の本殿には神様が宿るご神体があります。つまり、神様や眷属には宿る場所が必要なのです。

宿ってもらうのはおふだでもいいのでは？　と思うかもしれませんが、毎年替えるおふだだと、1年ごとに宿る場所を移ってもらわなければなりません。神棚に鎮座してもらう場合、ご神体をしょっちゅう替えることはあまりいいこととは言えないのです。神様も嫌がられます。かと言って、ずっと同じおふだでは、紙が黄ばんで傷んでいきますから、非常に申し訳ない状態になります。

基本的にご神体となるものは硬い物質が好まれます。紙だと入りづらいのです。

お鏡を用意しておくことは「神様をお迎えしたいです」という意思表示になります。丁寧な扱いをする神棚であるというアピールにもなっています。「この家の神棚に入ってやろうかな」と来られた神様や眷属はお鏡があればスッとそこに宿られます。

ただし、お鏡は使いまわしができません。実際に宿る〝ご神体〟ですから、この神様のもの、と決めたら、他の神様には使えないのです。

神様が来られたことがわかれば、お社の中はお鏡だけで十分です。おふだはもう必要ありません。しかし、来られたことがまだハッキリとわからない場合は、おふだは毎年新しいものと取り替えます。この時にお鏡は替えません。宿っておられれば替えてはいけないものなのです。

別の神様に来ていただく時はおふだを替えますが、この時は同時にお鏡も替えなければなりません。新しい神様専用の新しいお鏡を入れます。

同じ神様をずっと祀る場合はお鏡もそのままです。宿っておられれば、逆に買い替えてはいけないので、ご注意下さい。

どの神様に来ていただくか

神棚の準備ができたら、次はどの神様に来ていただくかを検討します。3社用のお社の場合、神道という宗教では決まりごとがあるようですが、自分が好きな神様でかまいません。ここはもう、遠慮をせずにハッキリ言いますと……好きな神様のほうがいいです。

決まりごとに合わせて形式的におふだを祀るのと、好きな神様のおふだを祀るのとでは、神棚のお世話をする時や手を合わせる時の気持ちがまったく違います。後者は神様に寄り添った気持ち、好きだという気持ちが加わるからです。

好きな神様を祀るとして、たとえば3社だったら、その選択する基準は「どのような神棚にしたいのか」ということです。もちろん「大好き！」という気持ち、それだけで祀るのもいいです。

でもせっかく神様を祀るのですから、いただけるごりやくを考慮してもいいと思います。専門性が高い神様……たとえば「太宰府天満宮」の神様を子どもたちのために、ということでお迎えしてもいいですし、交通安全で有名な神社があれば、夫が事故を起こさないようにそちらの神様を祀るのもいいのです。専門性が高い神社はその方面のごりやくを授けやすいので、商売繁盛で伏見のお稲荷さんもいいと思います。

もちろん専門外のことでもちゃんとお願いを聞いてくれます。太宰府天満宮の神様が病気を治したり、事故に遭わないよう守ってくれたりもするのです。ただ、専門である神様のほうがその分野に関しては強いパワーを発揮します。

大きな力を持った神棚にしたいという場合は、山岳系神様ばかりをお祀りするといいです。「熊野本宮大社」「飛瀧《ひろう》神社」「玉置《たまき》神社」の3社を選ぶと、ものすごいパワーのある神棚になります。

こまめに守ってもらいたい、という場合は、お稲荷さんを1社入れるといいです。お稲荷さんは働き者の神様なので、細かい部分までケアしてくれます。信仰心が厚ければ本当にせっせと働いてくれます。それがお稲荷さんの特徴です。お稲荷さんを3社祀ってもいいと思います。働き者の神様だらけの神棚になります。

優しい神様ばかりを3社選ぶと、優し～い神棚になりますし、面白い神様ばかりを3社祀ると明るい神棚になります。祀る神様によって、神棚の雰囲気が変わってくるのです。

おふだの位置は買った順で決まる

こうして3社、祀る神様を決めたら、その神社に行っておふだを購入します。

この時に神様に〝報告〟をします。自宅に神棚を設置したこと、この神社のおふだを祀らせてもらうこと……を丁寧に説明します。いつも書いていますが、神様への語りかけが長くなると人から変な目で見られるかもしれません。でも他人の目より、神様への礼儀優先です。ここはしっかりとお話をします。この神社が大好きなので、という、おふだを祀る理由も言っておいたほうがいいです。

ただ、「うちに来て下さい」とか、「眷属がうちに来てくれると嬉しいです」などと言うのはNGです。勧請となる文言ですから、あとが大変です。こういうことは口にしないようにします。神様・眷属に対して「我が家を守りに来い」と婉曲的に言っているわけですから、印象も良くないです。

神棚にお祀りします、という事実だけを述べ、神棚を持つことにした理由とか、この神社を選んだ理由、自分の家の話（家族構成とか悩みがあれば悩みなど）をします。

こうして買ってきた、もしくは祈禱を受けてもらってきたおふだを、帰宅して神棚のお社の中に入れます。お鏡の後ろです。

おふだを家に持ってきた順番で3社用お社は位置が決まります。最初に家に持ってきたおふだを真ん中に、次に家に持ってきたおふだは向かって右側に、3番目に持ってきたおふだは向かって左側です（同じ日に買った場合は時間で判断します）。

これは神様界でのルールです。氏神様を真ん中にしていて、近所のお稲荷さんを右側に入れ、その後しばらくして伊勢神宮のおふだを買った……いくら3番目の最後に買ったからといって、伊勢神宮を横に置くのはちょっと……ということで伊勢神宮を真ん中にするのは、神様界で、神様同士で決めているルールを破る、ということです。

ルールを破った神棚になりますから、どちらの神様も居心地が悪くなります。もしも神様が来てくれていたとしてもお帰りになります。
位置を決めるのは神格ではなく、その家に来た順番であるというのは神様界でのルールですから、人間の価値観で変えてはいけないのです。

神棚を大事にすることが神様に入ってもらう近道

さて、こうしておふだを正しく安置しました。あとは神棚のお世話を一生懸命にします。よほどラッキーな人で最初から神様か眷属が来てくれているという場合は別ですが、ほとんどのお宅に祀られているおふだは、最初は神社の窓口です。神社に繋がっているどこでもドアのようなものです。

確実に繋がっているどこでもドアなので、丁寧にお世話をしているとそのことが神様に伝わります。

おふだを買う時に、「神棚に祀ります」と神社で報告もしていますから、眷属が神棚の見まわりに来ます。この見まわりもたとえば、最初は3ヶ月に1回だったのが、2ヶ月に1回、毎月、毎週……というように、気に入ってもらえると間隔が短くなります。目をかけてもらえるからです。

　こうなるとチャンスです。神棚を粗末に扱わず大切にし、毎月1日と15日はお酒とお塩、榊《さかき》を交換し、できれば何か小さくても、たとえ1個でもいいので食べ物もお供えして、心を込めて手を合わせ、お話をしたり祝詞を唱えます。こうすることで、この家にいるのは神棚を大事にできる人である、ということが神様に実証されます。

　ほとんどの神様が個人の家には眷属を派遣するわけです。大事に扱ってもらえない家に大事な眷属を派遣することはありません。眷属がみずから行きたいと思う場合も（縁起物に宿るのではなく神棚に入る場合です）、神棚をちゃんとお世話できる家を望みます。

　神棚を大切にすることで信仰心が厚いことも知ってもらえます。ここまで神棚を大事に扱う家庭なのか……となったら、「よし、ではこの家を守ってやろう」ということで、〝神様の意思で〟神棚に来てくれます。もしくは〝神様の意思で〟眷属が派遣されてきます。勧請をしていなくても、こうして来てもらうことができるのです。

　勧請をしていませんから、もしも1日・15日にお供え物ができないということがあっても問題ありません。

　向こうから来てくれたわけですが、神棚に入ってもらえた場合は、縁起物に宿るフリープランのように出たり入ったりしません。常に神棚にいてくれるのです。ですから、本当に小さな神社が家の中にある状態です。

牛頭天王と晴明さんのおふだは他の神社と一緒にできませんから、３社用のお社には入れず、独立した場所に置きます。このことと順番さえ守っていれば、好きだと思う神様、相性がいい神様、パワーが大きいのでぜひ祀りたいという神様ばかりの神棚にしてもいいのです。

そして、心から信仰をしていれば、お願いはほとんど全部聞いてもらえますし、本人が察知していない危機からも助けてもらえます。

穂高神社の神様が教えてくれた、生き方の指標

神様が笑うと空間があたたかくなごむ

２０１９年の秋に上高地に行きました。穂高神社奥宮に行ったのは4年ぶりだったので、久しぶりの参拝です。

上高地に着いた時からハイテンションだった私は龍の穂高さん（勝手に名前をつけています）に、「穂高さ〜〜〜ん！　こんにちは〜」「穂高さん、お久しぶりです！」というように、穂高さん穂高さんと、連呼していました。

ここの龍が大好きなのです。このようにお名前を呼びまくったせいか……頭に「穂高さん」という文字が常にありました。なので、神様に話しかけようとしているのに、つい

「穂高さん」と口から出てしまいます。

「あ、いや、神様。神様、です。人生についてですが……」と、いちいち言い直しをしていました。

何回か同じことをしたところで、神様が、くっくっくっ、と笑います。「？？？」と思ったら、私が「穂高さん」と、うっかり言うたびに、穂高さんは自分が呼ばれたのだと思って、私のそばに行こうとしている、と言うのです。

でも、私が話しかけているのは神様なので、「あれ？　違うのか……」と、私のほうに向かって泳ごうとしていたのに、くるりと向きを変えて戻っているらしいのです。

「それを何回かしているぞ」

「え？　そうだったんですか？　うわぁ、それは悪いことをしました……穂高さん、すみません……」

ということで、気をつけなければ、と思いました。それから写真を撮ったり、景色を見たりしていたら、質問を思いつきました。おお、これは神様に聞いておかねば、と思ったところで、つい、

「ほ！」

と言ってしまい、

「あ、いやいや、神様」と言ったら、神様が「アッハッハッハ！」と、愉快そうに大きく笑いました。神様が笑うと、空間が柔らかくあたたかくなごみます。そのおかげで、私たち人間はものすごく癒やされます。この時も満ち足りた気分になるくらい、癒やしてもらえました。

ですから皆様も、神社に行った時はたくさんお話をする際に、ちょっとした冗談を言ってみるのもいいと思います。神様にウケたら、幸せな気分になるくらい癒やしてもらえます。

正しく生きるための道標は「真心」

このように気さくな神様と穂高さんですが、神格は高く、力も強いです。そしてこの日も、とても大切なことを教えてもらったので、それを皆様にもお伝えしておきます。

最近、父が手術をしたこともあって、私は人生について真剣にいろんなことを考えていました。その悩みを聞いてもらっていたのですが、ふと、人間はどう生きるべきなのだろうか？　ということを思いました。どう生きるのが人間として正しいのか……。

「嘘をつかないで生きる」「人を騙さずに生きる」「仕事はサボらない」など、そういう正しいことを実践していけばいいのかな、と思いましたが、正解はわかりません。

せっかく生まれてきたからには良い生き方をしたいですし、正しく生きることが課題だとしたら課題をクリアしてあちらの世界に帰りたいです。私は先が見えてきた年齢ですから、よくできました、と最後に自分に言えるように残りの人生を過ごしたいという気持ちもあって、質問をしてみました。

「人間はどのように生きるのが良いのでしょうか？」

すると神様は、ひとこと、こう言いました。

「真心」

真心を持って生きなさいということです。

それは何を意味しているのかな？　と考えていたら教えてくれました。

「真心……ですね？」

人と接する時に真心があれば、相手の気持ちを思って言葉を選びます。傷つけるようなことは言わないし、失礼な言葉を投げかけたりもしません。バカにしたり、嘘をついたり、騙したり、意地悪なこともしないのです。真心で接すれば相手に優しくできますから、自分の気持ちも良い方向に動きます。

仕事をする時も真心を持って働くと、ブーブー文句を言ったりせず、サボったりもせず、心を込めて仕事をします。あちこちで同僚の悪口を言うこともなく、ましてや足を引っ張ろうなどと画策したりもしません。与えられた仕事をできる範囲で一生懸命にやるだけです。その結果、誰からも認められる人となります。

なるほど～と聞いていて、でもそれって、さっき私が考えた「嘘をつかないで生きる」「人を騙さずに生きる」「仕事はサボらない」ということと、同じなのでは？　と思いました。

すると神様がさらに教えてくれます。

私の考え方は小さな末端の事柄にフォーカスしているため、

「たくさんの〝しなければいけない〟こと、〝気をつけなければいけない〟ことがあるだろう？」

と言うのです。

嘘はつかない、騙さない、失礼なことは言わない、言葉を選ぶ、ブーブー言わずに働く、こっそりサボらずに働く、同僚の足を引っ張らない……と、たしかに末端の事柄から考えると、しなければいけないこと、してはいけないことがたくさんあります。

それらを全部やらなければいけない、気をつけなければいけない……と考えながら生きるのはしんどそうです。途中で、「ああ、面倒くさ」と思ったりもしそうです。

神様いわく、やるべきことはたったひとつ、真心で生きる、これだけなのです。

これだと、頭の中にひとつだけ、置いておけばいいことになります。真心で生きようとすれば、どのような場面でもその先の行動がおのずと決まります。細かいことをいちいち考えなくてもいいのですね。

何かをする時に真心にかなっているかどうか、それだけを考えればいいというのはわかりやすいです。真心で生きることが人間としておすすめの生き方だというのも納得です。この「真心」というのは間違った生き方をしないための道標なのです。

辞書を見たら、こう書かれていました。

「真心」（まごころ）大辞林 第三版

他人のために尽くそうという純粋な気持ち。偽りや飾りのない心。誠意。

人生は心の持ち方ひとつ

大原八幡宮〈大分県日田市〉

大分県西部から福岡県南部の地域に取材に行く数日前に、読者さんからこの神社に参拝してみて下さいという情報をもらいました。このようなタイミングで情報をいただくのは偶然ではないことが多いため、マップで確認をすると車で通過する地点にある神社でした。というわけで、行ってみました。

いくつかの鳥居をくぐって石段を登ったところに手水舎があるのですが、それがなんとも不思議な形をしていて、石でできた大きな雨どいのようです。それを横向きに傾斜をつけて置いているので、水がうまく流れています。

水が出てくる部分は龍の顔になっており、この龍を正面から見るとやや怖いという……そんな手水舎です。そばに井戸があったので、昔は井戸水で手を清めていたのでしょう。

そこには由緒書きもあって、起源は天武天皇九年（六八〇）と書かれていました。楼門には随神《ずいじん》と仁王像の両方があり、今でも神仏習合となっています。石段の下にある鳥居の両側には狛犬像ではなく石灯籠《いしどうろう》があったので、そのあたりからすでに神仏習合の雰囲気が漂っています。

拝殿と本殿の周囲には玉垣《たまがき》が巡らされているのですが、この玉垣の形が普通の神社のものとはちょっと違っており、上部が仏教様式っぽい感じになっていました。

境内は広いです。境内社もたくさんあります。ぐるりと一周して、本殿の横にあるご神木の下を通った時でした。右肩に何かが当たりました。上から何か落ちてきたのです。ご神木（たぶんクスノキです）の実かと思ったのですが、でも肩に当たったものは栗くらいの大きさでしたし、カツーン！　と音がしたのです。硬い物質でした。

当たった瞬間は、鳥のフン？　と思ったのですが、音が「ビシャ」ではなくてカツーンだし、硬かったし、「違うよなぁ」と思いつつ、触って確認をしてみました。フンではありません。でも地面を見ても何も落ちていないのです。

不思議だ……と思い、神様に聞いてみると、

「お前の右肩に憑《つ》いていたから」

とさらりと答えます。こういう時、神様は詳細を教えてくれません。その憑いていたものは取らなければいけないものだったそうです。そう言われれば心当たりがありますが、取ってもらえたのだったら、もうそれでいいわけで、違うお話を聞きました。

石に神様を宿らせた、おばあさんの信仰心

この神社の神様は、ものすごく魅力のある男性に見えます。女性にモテそうな……というか、モテていただろうな〜という古代の人です。包容力のある人柄とか男らしさとか勇気とか、そういうもので女性をググッと惹きつける感じです。

天武天皇の時代から神様をしておられるのですか？　と質問をしたところ、

「まぁ、そのあたりの時代だ」

と言っていました。そこでちょっと声を落としてイタズラっぽく、

「由緒はあとから作ったものだぞ」

と付け加えていました。

「そういう神社のほうが多いと思います。では、あとから作ったのではない、本当の由緒を教えて下さい」

神様はほんわかとした優しい表情になり、最初は1人のおばあさんが石に手を合わせていた、と話してくれました。

まあまあ大きな石だったそうです。この石には神様が宿っている、と信じていたおばあさんは一生懸命に石を信仰していました。その石を丁寧に磨いたり、周囲に木や花を植えたりして大事にお世話もしていました。

このおばあさんがものすごーーーーーーーーく心のキレイな人だったそうです。人のことを一切悪く言わない、不平不満も言わず、機嫌が悪いという日がなく、感謝は忘れずに誰にでもちゃんと口にして、常にニコニコと人当たりの良い人で、さらに少女のような純粋さも持った可愛い人物だったそうです。

神様はこのような人を好まれますから、おばあさんのことを気にかけて見ていました。

おばあさんは石に向かって、時々お願いをします。作物の生育やお天気のことを願ったり、家族の体調の回復を願ったりしていましたが、腰がどうしようもなく痛いので治して下さい、みたいな願掛けもしていました。

神様はこの時、石に宿ってはいませんでしたが（石はただの石だったそうです）、そばでお願いを聞いていて、すべてを叶えてあげていました。それにより、おばあさんはますます信仰を深め……そのうちに村人もぽつりぽつりと来るようになりました。おばあさんの願掛けが見事に全部叶うので、石には神様が本当に宿っているのだろう、ではワシも私も……と、やって来るのです。

神様はおばあさんを嘘つきにしないために、村人の願掛けも叶えます。すると、噂はどんどん広まっていき、あの村には霊験あらたかな石の神様がいるということで、隣村からも人々が願掛けに訪れるようになったのです。

神様はここで人々のために石に宿ることにしたそうです。石は信仰する人に大切にされてしめ縄が張られ、そこから簡易の屋根だけの建物が作られ（古代なのでこれでも立派な建物です）、時代が下るとお堂のようなものが作られて……と、こうして徐々に神社になっていきました。でも最初はたったひとつの石だったのです。

高齢でも寝たきりでも神様にとっては可愛い

話を聞いていて、神様がおばあさんを本当に可愛く思う気持ちが伝わってきました。

「神様が可愛いと思うのは年齢とは関係がないのですね」

「若ければ可愛いというわけではない」（子どもだから、という意味も含んでいます。年齢が若いから目をかけてやらなければいけないという意識がないようです）

そこはやっぱり、その人の〝心〟が大切なのだそうです。

「年齢に関係なく、人物を見ているのですね」

「そうだ」

つまり、年を取ったから、おばあさんおじいさんになったから、もう可愛くない……ということではないのです。

神様はご縁を下さったら、一生守ってくれます。その人物を変わらない目で見ているのです。老人になったからご縁を薄くするなんてことはありません。高齢になろうと寝たきりになろうと、神様が可愛いと思う人は人生の最後まで可愛いのです。

上高地の神様は真心の大切さを教えてくれましたが、ここの神様も心の大切さを教えてくれました。

自分という人物での人生は1回きりです。どのように生きようとそこは自由です。

腹が立った時に人に当たり散らしたり、不機嫌な日はその感情を表に出したり、感謝すべきことも当然だと受け取ったり、嫌いな人を攻撃したり……そのようにして人生を歩んでも誰も文句は言いません。このように生きてもいいのです。

けれど、せっかくの人生です。心の持ち方次第で、自分で自分の人生を良くすることができます。腹が立っても持続させずに自分の中で処理をする、不機嫌な日でもできればニコニコする、感謝すべきことは「ありがとう」と口にする、嫌いな人がいても嫌いだという感情にフォーカスせずさらりと付き合う……こうすれば、人から嫌な念を投げられることがありませんし、自分という人物を貶《おとし》めることもありません。

どのように生きても日々の生活は同じです。朝起きて、ご飯を食べて、仕事をし、お風呂に入って、晩ご飯を食べて、寝る……この繰り返しです。生活は同じ、やることは同じなのです。

しかし、心の持ち方次第で全然違う人生になります。違う人物にもなります。神様はそこをおっしゃっているのです。どう生きようと自由だが、心の持ち方ひとつでまったく違うぞ、と。

帰り際に石段を下りていたら、表参道とは違う方向に鳥居がありました。へ〜、こっちからも出られるんだ〜と、境内の外に出てみました。出る時に神様が、

「そこから出るのか？」

と聞きます。

「いえ、ちょっと鳥居の写真を撮ります」

境内という神域を出たら、神様の声が聞こえなくなりました（これは神様、場所によって違います）。しかし、神様は鳥居の向こうで待ってくれていました。私がモタモタと撮影をしていたら、手招きをするのです。はよ、こっちに戻って来い、と。もう少し話をしたいみたいでした。

男らしくて強いパワーがある神様なのに、こういう部分は可愛いのです。もとが人間だからかなと思います。おばあさんに優しくしてあげたのもわかる〜と思いました。

最後に、おばあさんはどのようなお方だったのですか？　と質問をしたら、おばあさんの姿を見せてくれました。背がすごく小さくて、頭のてっぺんにおだんごを結い、歯は全

部抜けたみたいでありません。腰がひどく曲がっています。

でも、その姿でせっせと歩いて神様が宿っていると信じていた石のところへ行き、手を合わせています。神様に語りかけながら、照れ笑いをしているその笑顔がキラキラと輝いています。素朴で素直な、信仰心に一点の曇りもない素晴らしい女性でした。私もこうなりたいと思ったお方でした。

お地蔵さんに幽霊を成仏させてもらう方法

幽霊への対処は霊能者でも危険

神仏にご縁をもらうことで人生が好転することは著書にもブログにもたくさん書いてきました。ご縁をもらえば悪霊や幽霊などの悪いものから救ってもらえることも、生きている人間の悪念の攻撃から助けてもらえることも書きました。これらはすべて自分に関する、自分のためのごりやくです。

ここでは他人のためになる、一種の人助けができることについて書こうと思います。が、しかし、おすすめをするのではありません。あくまでも、こういうことができますよ、というお話です。よほどのことがなければやらないほうがいいです。

仏様であるお地蔵さんにご縁をもらうと、幽霊を成仏させてあげることができます。「仏様であるお地蔵さん」というのは適切な言葉がないのでこう言っていますが、お寺に仏像があって祀られているお地蔵さんです。道端に安置された、事故で亡くなった方を供養するためのお地蔵さんではありません。

お地蔵さんにご縁をいただいて幽霊を成仏させてあげられるのは、とても良いことだからどんどんしたほうがいいのでは？　と思われる方がいらっしゃるかもしれませんので、順を追って説明します。

まずは幽霊です。世間には幽霊がたくさんいます。見えない、聞こえないだけで、けっこうな数の幽霊が彷徨《さまよ》っているのです。場所に縛られて動けない幽霊もいます。

これらの幽霊に取り憑かれたら、体調が悪くなったり、病気になったり、精神に異常が出たり、運気が悪くなったりすることがあります。ここは皆さんすでにご存じだと思います。

幽霊に乗っかられないように波動を上げましょうということや、幽霊に憑かれてしまったらこういう作戦で離すといいですよ、ということも書きました（詳細は『神様、福運を招くコツはありますか？』という本に書いています。何をしても離れなかった外国人の子どもの幽霊が、この本で紹介したおにぎり作戦でやっと離れたということを読者さんが報告してくれました）。

これらは自分で幽霊をなんとか離す方法です。他にもお不動さんに離してもらうという方法があります。どちらも幽霊に「よそに行って下さいね」というやり方です。この方法が一番安全です。

幽霊は甘く見ると怖い部分があって、離れない状態になると危険だからです。

私の祖母は霊能者で霊媒でもありましたから、家族の誰かに幽霊が憑くと、幽霊に体を貸して救ってあげていました。幽霊は祖母の体を借りてしゃべります。その話を聞くのは審神者《さにわ》だった祖父の役目でした。祖父は修行をして幽霊を退治できるほどの力と、仏様のご加護・ご縁をもらっていましたから、それができたのです。

中には祖母の体から出たがらない幽霊もいました。そうなると祖父が強制的に祖母の体から離したり、幽霊を懲《こ》らしめたり、悪霊の場合は退治したりしていました。しかし、強烈な悪霊が祖母の体から出て行かず、祖父の力では退治できなかったことがありました。たまたま近くの神社にパワーのある神様がいたため、助けてもらえたのです。

数多くの霊を成仏させたり、諭《さと》したり、退治してきた祖父母でも、このような事態になることがあったのです。霊は……甘く見ないほうがいいです。

お地蔵さんにお願いして成仏させたほうがいい例

私は実際にお地蔵さんにお願いをして、幽霊を成仏させてもらったことが2回あります。どちらもブログに書いていますが、長崎の日本二十六聖人殉教地と沖縄の西表島《いりおもてじま》で、です。幽霊とひとくちに言っても状況はいろいろです。本当にお気の毒としか言えない人がいますし、なんとか助けてあげたいと思う人もいます。

『ひっそりとスピリチュアルしています』という本に書いたのですが、母がお盆に憑かれたことがあります。その幽霊は若い母親と男の子の2人でした。憑かれてから、母の体調は重病人のように悪くなり、ベッドから起き上がれない日々が続きました。

でもその親子に悪気はありません。取り憑いて病気にしてやろうなどとはまったく思っていないのです。行くべきところがわからない、誰も教えてくれない、この人だったら教えてくれそうな気がする……そう思って母に憑いているわけです。母はその状況をかわいそうだと思い、仏壇にお願いをしたそうです。亡くなった祖父（母から見ると父です）が家に戻って来ているお盆だったので、無事に成仏させてあげられたみたいでした。

このようにかわいそう、なんとか力になってあげたいと思う幽霊がいます。成仏させてあげたいという時に、お地蔵さんにお願いをすれば成仏させてくれるのです。

幽霊が離れてくれない、というパターンもあります。幽霊という存在は、成仏したい、楽になりたい、ということで成仏させてくれる人を求めて彷徨っています。ですから、この人は成仏させてくれないとわかったら、あっさり離れて違う人を探しに行きます。そのような幽霊が多いです。

けれど、中には離れずにずっと憑いたまま、という霊もいます。何をどう考えて離れないのかはいろいろですが、離れないとなると人間のほうは体調が悪いまま、もしくは運が悪化する一途となります。困る、なんてものじゃないです。

うまく離せない、という場合も、成仏させると離れます。成仏したら幽霊ではなくなるからです。こういうやり方もあるわけです。

「成仏させてあげる人」には霊が寄ってきてしまう

では、お地蔵さんにお願いをして、来た幽霊をかたっぱしから成仏させてあげたほうがいいじゃないですか、みんなハッピーになるし、と思われるでしょうが、そこが難しいところなのです。

しょっちゅう霊を成仏させてあげていると、その人は「成仏させてあげる人」となります。こういう人は幽霊から特別に光って見えます。幽霊は日々、成仏させてくれる人を探していますから、光っている人を見たら必ず寄って来ます。助けてほしいからです。

寄って来るのは1人だけではありません。たった1日で何人も寄って来て上に乗っかることもあります。若き日の叔母は16人を一度に乗せて帰宅したことがあるそうです（祖母と暮らしていたので光って見えていたのです）。

さらに、寄って来るのは今日1日だけというわけではありません。今日憑いて来て、明日も数人憑いて来て、あさっても……というふうに、毎日来るかもしれないのです。光っている限り、やめたいと思っても一生、「成仏させてあげる人」を続けなければなりません。

さて、このようにしょっちゅう霊が来ると何がまずいのかと言いますと、波動です。

幽霊の「低波動」をたくさん浴びることになります。幽霊を成仏させてあげる、人に憑いている幽霊をはがす、などの幽霊専門のお仕事をする霊能者や霊媒もそうです。やはり低波動を多く浴びています。

悪い幽霊でなくても、すごく優しくて良い幽霊だったとしても、幽霊自体の波動が物理的に低いため、影響を受けます。成仏させてあげることで、幽霊がどんなに感謝をしても、成仏するまでの間は低波動を大量に浴びているのです。

低波動を浴びるとどうなるか……と言いますと、健康な細胞に傷がつきます。低い波動を繰り返し浴びることによって、多くの傷がつくわけです。そしてそれは、やがて病気へと繋がっていきます。

心霊スポットに出かけていく、幽霊が出ると噂のあるところに行ってみるなど、「自分には霊感がないから大丈夫」と思っているかもしれませんが、おすすめはできません。幽霊を見ることはなくても、低い波動を大量に浴びるからです。

霊能者の場合、霊能力が高ければ影響を受けないのかと言いますと、そんなことはありません。霊能力と低波動の悪影響に相関関係はないのです。浴びる波動は一律であり、及ぼす影響も同じなのです。幽霊と接したら、低い波動を浴びる、これはもう避けられないことなのですね。

私の祖父母はどちらも病気で亡くなりました。祖母が亡くなったのは、まだ60代前半という若さでした。どんなに高い霊能力を持っていても、神仏のご加護やご縁をマックスでもらっていても、幽霊の低波動を浴び続けると病気になるのです。祖母の場合は幽霊に体を貸していたので影響が大きかったようです。

祖父母はある程度、年がいってから霊関係の人助けを始めたので、病気も年を取ってからかかりました。若い年齢で霊能者になったという人は、若くして病気になる可能性があります。

私もたまに幽霊を見たり、会話をしたり、「あ〜、やばいな」ということをしています。でもそのあとは、必ず神仏のところへ行って浄化をしてもらいますし、波動を上げてもらいます。時には境内で眠らされて、神様が調整をしてくれます。良くない病気の芽を摘んでもらったことも、何回かあります。

幽霊と接することが多くなると、このようなリスクがあるのだな、ということは知っておいたほうがいいです。

それともうひとつ怖いのは、なんらかの理由でお地蔵さんが来てくれない場合です。「成仏させてあげる人」となって、幽霊が何体も乗っかり、非常に苦しい状態なのに、肝心のお地蔵さんが来てくれなければ助けてもらえません。ずーっとその状態のままです。

強烈に強い悪霊だったら、ご縁のパイプを遮断するかもしれず……霊は甘く見ないほうがいいというのはこういうことなのです。

どうしてもの場合、お地蔵さんにお願いするやり方

ですから、よほどのことがない限り、幽霊には「悪いけどよそへ行ってね」と出て行ってもらったほうがいいです。私もお地蔵さん経由の人助けは2回しかやっていません。

でも、私が西表島で会った幽霊たちや、日本二十六聖人殉教地で会った4人の幽霊は、事情を聞けばなんとか助けてあげたいと思う幽霊でした。皆様もこのような幽霊に会うことがあるかもしれず、お地蔵さんにお願いをするやり方を書いておきます。

まず、どこかのお地蔵さんにご縁をいただきます。前述したように、お寺に仏像が安置されていて、勤行もされている〝仏像〟のお地蔵さんです。私は恐山でご縁をいただきま

した。恐山のお地蔵さんは特にパワーが強いのでおすすめです。

ご縁をもらったかどうかがわからない……というのが難しいところですが、何回か行けばご縁はもらえますし、初回でも自己紹介で自分という人物をしっかり理解してもらって、純粋な信仰心をお見せしたら、もうそこでもらえるように思います。お地蔵さんは特に優しい仏様なので、よほどのことがない限り、初回でももらえる可能性が高いです。

成仏させてあげたい幽霊には、今からお地蔵さんのおかげで成仏ができることを伝え、成仏する心の準備をするように言います。お地蔵さんが来たら、そのお地蔵さんについて行って下さいね、と言い、宗教の違いでお地蔵さんを知らないかもしれないので、お地蔵さんはこのようなお姿をしていますよ、という説明もします。

お地蔵さんが上空にしゅーっと昇って行くので、落ちないようにお地蔵さんの着物の裾にしがみついて下さいね、お地蔵さんと一緒に天に昇って行けば成仏できますよ、苦しみから解放されて楽になりますし、自由になれますよ、というようなことも教えてあげます。

あとはお地蔵さんを呼ぶだけです。ご縁をいただいたお地蔵さんを思い浮かべて、心の底から助けを求めます。そうすると、お地蔵さんはすぐに来てくれます。長々とお願いしなくても大丈夫です。

もしもまだ見えないのだったら、来たかな？　という頃に、来て下さったことへのお礼を言い、ここに幽霊がいるので成仏させてほしいということをお願いします。それだけで十分です。もともとそのようなお仕事をされているので詳しい説明はいらないのです。

そのあとでお地蔵さんの真言を唱えます。あ、そうだ、言い忘れていましたが、真言も授かっておいて下さい。まだ授かっていないという方はお坊さんが唱えたものを録音したＣＤでも授かることができます（キングレコードから私の監修で『神仏をいつも身近に感じるために』というＣＤを出しています。こちらで授かることも可能です）。

真言は必ず声に出します。音量に決まりはないので、小さなささやくような声でもＯＫです。９回唱えて下さい。その間にお地蔵さんが幽霊のそばに行って、幽霊がお地蔵さんにしがみつけるようにしてくれます。

真言の９回目でしゅーっと上空に昇って行きますから、そこで幽霊はめでたく成仏できます。これで終わりです。お地蔵さんへのお礼は来た時に言っておきます。天に昇って行ったら戻ってきません。

成仏させてあげることは人助けですし、良いことなのですが、自分の人生のことも考えて慎重になさったほうがいいと思います。

第 5 章

過去世を今世に活かす

過去世は何よりの教科書

本書を読んでいる方は多くの過去世を生きている

私たちは今回初めてこの世界に生まれたわけではなく、過去にも人生を経験しています。その過去世はたったひとつではありません。スピリチュアルに関心がある、そして神仏が好きだという人はかなりの数の転生をしています。過去世がほんのいくつかという人はいないと思います。この本を読んでいる方だったらすでに多くの過去世を生きているはずです。

過去世は同じものはありません。性別は人生によって変わりますし、生まれる国もさまざまです。職業や生きる環境もまったく違います。日本で武士として生きた人生のその次に、ヨーロッパの社交界でダンスをする女性に生まれたりするのです。違う人生を歩むことで経験する内容が変わってきますし、学ぶことも違ってきます。一生をかけて得るものがまるで違う、ということになるのです。

武士として生きた人生では、武士としての誇り、忠誠心などを学びます。社交界にいる女性だったら、上流階級に身を置く術、そこでうまく生きていけるような人間関係を学んだりします。

たくさんの別人としての転生で、多種多様な経験をすることにより魂が成長します。無駄な人生というものはなく、すべてに学びがあるのです。

しかし、過去世はどの人生も幸せだったというわけではありません。逆にどの人生もつらく苦しかったというわけでもありません。大成功だった人生もあれば、大失敗だった人生もあるわけです（大失敗の人生でも学びはあります）。

ひとつの人生だけを見ても、そこには成功と、失敗があります。それも1個ずつ……なんてレベルではなく、大量にあります。過去世の数は人によって違いますが、この成功例と失敗例の数はものすごい量になるわけです。

その数多くの経験を、魂はしっかりと持っています。当然ながら捨てたりしません。魂には非常に多くの引き出しがあって、その中に学んだ内容がぎっしり入っています。そこに成功するコツ、失敗を避ける方法などが入っています。

成功するとひとくちに言っても、その分野はさまざまです。たとえば、生涯の伴侶と仲良く暮らし、家族とも縁が深く親しくて、友人や周囲の人たちとも良好な関係を一生続けた、という人間関係での成功があります。人付き合いにおいて大成功の人生です。

金銭面で成功してお金持ちになった人生、勉強で成功した科学者の人生、戦いで成功した武将の人生など、いろんな成功を体験しているのです。

つまり、人付き合いのコツ、お金の儲け方、増やし方、金運アップのコツ、勉強の仕方、戦で勝つ方法など、自分自身の体験をともなった秘訣を持っているのです。いわば自分自身が成功のノウハウ本、ハウツー本です。

今世は微妙に過去世の影響を受けています。たくさんある過去世のどの人生と今世をコネクトさせるかで、受ける影響の内容が違ってきます。魂には多くの成功例が詰まっていますから、できればベストな人生から影響を受けたいものです。

過去世をうまく影響させれば人生が上向く

過去世で学んだ秘訣は人生を好転させる材料になります。さまざまな人生のものを持っていますから、現在に使えるものが必ずあります。

たとえば、商売がうまくいかないと悩んでいる人でも、過去世で、商売をして成功した体験があるはずです。もしも成功例がなく、というか、過去世で商売に失敗していたという体験があれば、それはそれで同じ失敗を繰り返さなければいいので、参考になります。

自分の成功例がなくても、親や兄弟とか身近な成功例を引き出しにしまってあるかもしれませんし、別の分野の成功例からうまく活かせるものを持っているかもしれません。それらを今世に影響させれば、商売は上向きになります。

ところが、貴重な成功例をたくさん持っていながら、それを現在の人生にうまく活かせていない……影響させていない、という人がほとんどです。

それはなぜかと言いますと、成功した過去世ではなく、無意識のうちに心のどこかに引っかかっている過去世を、潜在意識に浮かび上がらせているからです。時を超えても引っかかっている人生ですから、うまくいかなかった人生だと言えます。ちょっとした後悔があったり、心の傷があったりして、それに引っ張られているのです。

私を例にしますと、人生の前半でずっと影響があったのはギリシャの過去世でした。このお話は『幸せになるひっそりスピリチュアル作法』という本に、過去世から持ち越した心の傷というテーマで書きました。

心の傷が深かったから無意識のうちにいつも浮かび上がらせていたのか、悔いが残った人生だったからいつまでも引っかかっていたのか……そこは自分でもわかりません。意識してこの人生を考えていたわけではないのです。

過去世の記憶がまったくない時からこの人生の影響がありました。本人が過去世を覚えているかどうかにかかわらず、影響はあるということです。

私はどんなに頑張っても「自信が持てない」という影響でしたが、人によっては、理由がまったく思いあたらないのに極度に水が怖いという影響かもしれません。

水ではなく、病気になることが怖いという人がいるかもしれませんし、わけもなく人間が怖いということもあるかもしれません。影響は恐怖だけでなく何かに対する嫌悪感や、自分を低く評価してしまうなどいろんなものがあります。

私の場合はうまくいかなかった過去世だったから、負の影響になりましたが、逆に大成功を収めた人生だったら、良い方向に作用していたはずです。つまり、成功した過去世を今世にうまく影響させれば……人生が上向く、というわけです。

強く思い出せるのが　もっとも成功した過去世とは限らない

私の過去世で「お金」で一番成功したと思われるのは、エルサレムでの人生です。この人生での私は、少年時代は奴隷でした。やせ細った汚れた格好の男の子だったのです。奴隷から抜けられたいきさつは覚えていませんが（その家が没落したのではないかと思います）、その後小さな商売から始め、せっせと一生懸命に働き、商才があったおかげで規模がどんどん大きくなりました。

晩年は大きな御殿に住み、使用人も多く抱え、使いきれないほどのお金がありました。奴隷から大金持ちになった人生だったのです。運に恵まれた人生でもありました。この時の人生を今世に影響させられれば、運に恵まれやすくなるでしょうし、商売のコツを魂が知っていますから、商売をすれば成功すると思います。

しかし、私はこの人生でキリストを見て見ぬふりをしたことや、稼いだ莫大なお金をキリスト教の布教に使わなかったことが悔やまれて、封印していました。ですから、気にするどころか潜在意識の中にもなかったくらいです。

次に運が良かったのは、歴史に名が残っている人物の人生です（たいした人物ではありません）。この人生は本人の力以上に評価してもらえたり、その時の状況の流れで大きなチャンスが巡ってきたり、それをうまくつかんだり、今の私からすると運だけで成功したのでは？　という人生でした。

お金持ちではありませんでしたが、ラッキーだらけで楽しくて、思いっきりエンジョイした人生だったのです。

他にも、お金持ちの家に生まれ、お金持ちの家に嫁いだ女性の過去世もあるのですが、あるのはお金だけで人生自体は不幸でした。中国のお城の門番夫婦だった時は、お金はありませんでしたが、幸せな人生でした。

いろんな良い経験を持ちながら、なぜか無意識の表面に浮かび上がっていたのはギリシャの人生だったのです。不思議です。きっと皆様の中にも同じように、無意識のうちに成功例ではない人生を浮かび上がらせている方がいらっしゃるかもしれません。そしてその影響をしっかり受けているかもしれないのです。

話は変わって、こちらは叔母の家での体験です。叔母の家に行った時に、叔母のお友達が遊びに来ました。2人はすごく仲良しでたわいもない冗談を言っては大笑いをしていました。ものすごく気が合う、と2人とも言っていましたが、はたから見ても繋がりの深い関係だということがわかりました。

いつもつるんでいるわけではなく、しばらく会わないこともあるそうで、でも久しぶりに会っても「昨日も会ったよね」という感覚で楽しくおしゃべりをする仲だということでした。

叔母が「前世で母娘だったんじゃないか、って言ってるのよ」と言うと、お友達も「そうそう。私が母親なんだよね」と返します。「しっかりしてるからね〜。で、私が娘」と叔母が言って、2人はそこから話を広げていきました。

2人が前世の話をした瞬間に、叔母とお友達の顔がくっきりと武将の顔になりました(足軽を束ねる足軽頭クラスです)。それはもう、鮮明な映像で首をすげ替えたように見えたのです。2人とも兜《かぶと》をかぶっていて、胸から上しか見えませんでしたが、鎧《よろい》を着ていたようです。戦に行く格好なのです。

どうやら幼馴染みで仲良しだった間柄の2人が、仕える武将が違うために敵同士になってしまったようです。いつか平和な世が来たら、その時にふたたび生まれて再会しよう、その時は笑って過ごそう、と約束をしたようです。

この時、私には2人の過去世がハッキリと見えましたが、当人たちは思い出していません。母娘だったのかな～、と話しているのです。本人の意識ではまったく認識していなくても、2人が一緒にいた過去世の話をしていたら、ちゃんと浮かび上がってくるのです。魂はすごいな、と思いました。

この時の体験から、意識して良い人生を浮かび上がらせることができる、ということを知りました。

過去世の良い影響を今世に与える方法

幸せな気持ちで死んだ瞬間を想像してみる

さて、そのためには何をどうすればいいのか……ですね。

過去の同じ時代にいた人と「過去世で一緒だったよね」という話をすると、本人はまったく思い出していなくても、当時の人物が体の表面にまで出てくるのです。

つまり、何か条件をつけてその時の過去世をぼんやりとでも意識すれば、自然とその過去世が浮かび上がってくるというわけです。

そこで実験をしてみました。ベストな人生、大成功をした人生は、きっと、死ぬ瞬間に心から満足したのではないかと思います。この世を離れる時に、「ああ、いい人生だった。

楽しかったな～」と、満ち足りた思いで去っていったはずです。

その気持ちを想像してみました。本当に心の底から楽しんだ、ラッキーな良い人生だったなぁ、幸せな一生だった、という気持ちを作って、この状態で死んだ私……とリアルに想像してみたのです。

すると、魂はその最期がどの人生だったのかを知っていますから、前述した歴史に名が残されている人物の人生がパーッと目の前に広がりました。おぉ～、魂はやっぱりすごい！　と感動しました。ちゃんと正しく反応をするのです。浮かび上がってきたのはエルサレムや門番夫婦の過去世ではありませんでした。

日をおいて何回かやってみましたが、ブレることなく同じ人物が浮かび上がりました。その人物を思い出そうとしなくても、ハッピーな気持ちで死んだ私……と考えただけで出てくるのです。

ありがたいことに、何回かやったことによって、その人生の良い影響を受け始めました。何せ自分が上機嫌で終えた人生ですから、「縁起物」と言っても過言ではない、良い影響を与えてくれるのです。いい具合に作用します。

皆さんもたくさんの過去世を持っています。その過去世は使い方次第です。せっかく持っている宝物なのに、使わないのはもったいないです。思い出さなくても、思い出せなくてもそこは関係ありません。

一番良かった、楽しかった、運が良かった人生を影響させたい方は私と同じようなやり方でいいと思います。商売で成功した人生を影響させたいという方は、商売が成功した人生だった、商売のコツをよく知っていて、たくさん稼いだ人生だったな、と成功者の気持ちになって、最期を迎えた時を想像するといいです。

人間関係がすべて円満な人生や、異性にモテモテの人生など、自分が影響を受けたい過去世を浮かび上がらせてみてはいかがでしょうか。何回かやっていると作用し始めますから、うまく影響させられたかどうかがわかります。

しばらくやってみて、影響がないかな？　と思えば、違う気持ちで違う人生をコネクトさせてみるといいです。どなたにも多くの過去世があるはずですから、きっと最適な過去世が見つかります。

過去世についてのヒントは自分が持っている

「過去世をなんとか思い出す方法はありませんか？」という質問をたまにいただきます。前述したように、過去世はたぶん皆様が思っているよりも数が多いです。数個とか10個とか、その程度ではありません。

思い出しやすいのは直前の人生と、「この人生は面白かったな～」という、ポジティブな印象が強い人生です。後悔などがあって心に引っかかっている人生は、ネガティブな影響を与えるのですが、なかなか思い出せません。

思い出すコツとしては、漠然と「過去世」という、多くの人生をひとくくりにしたもので考えないということです。どれかに焦点を合わせないと、魂から記憶をうまく取り出せないのです。

過去世についてのヒントは自分が持っています。全世界の歴史の中で、この国のこの時代に非常に興味がある、という場合、そこにいた可能性が高いです。イギリスのアンティークが好きだとか、特定の時代の絵画や楽器、音楽などの芸術が好きだとか、好きな服装なども手がかりになります。アラビアンナイトの衣装がすごく好き、というのであれば、それがヒントです。

平安時代の建築物や調度品が好きだったら、同じくそれがヒントですから、平安時代の庶民の暮らしから貴族の暮らしまでを調べてみると、自分がどの階級にいたのかが、おぼろげながらわかります。

そこがわかったら、次に自分がいたかもしれない階級についてさらに詳しく見ていくと、「あ！　これ知っている！」というものが出てきたりするのです。非常に懐かしい、なんとも言えない気持ちになったりもします。

まずは、小さくてもいいのでヒントを見つけ、ヒントが見つかったら、その場所のその時代を幅広く調べていくといいです。魂に響くものが必ず出てきます。

過去世というのは一般人だった人生がほとんどです。けれど、誰もが少なくとも1回は歴史に名が残っている、という人物を経験しています。それはたとえば、有名武将のこともあれば、有名武将の家臣、親兄弟、正室や側室、子どもや孫、親戚かもしれません。

その武将にすごく興味がある、その武将の家紋を見るとワクワクする、という人は武将本人のみにこだわって調べるのではなく、ゆかりのある人々を調べていくと、ある日突然、ふっと断片的な記憶が思い出せたりします。

調べていて「この人物が気になって仕方ない」という人が出てきたら、自分の過去世はその人、もしくはその人物に近しい人ではないかと、徹底的にその人物およびその人物の周辺を研究してみるといいです。

「私なんかがこんな有名人だったはずがない」

「俺がこの人物だったなんて恐れ多くて考えることすら申し訳ない」

と、思うかもしれませんが、前世の探究にそのような遠慮は不要です。誰にも言わず、自分だけで可能性を追究するわけですから、無理して否定することはありません。

この人だったような気がする、というその人物が有名人でも、「ほとんどの人は過去に少なくとも1回は、どこかで名を残している」ということを思い出されるといいです。可能性を捨てなくて済みます。

そこまでたどりつけません、となったら、その人は無理して思い出さなくてもいいということです。自分で過去世を思い出さないように封印しているのかもしれませんし、守護霊が止めているのかもしれません。思い出すことは必須ではありませんから、あちらの世界に帰ってのお楽しみにしてもいいと思います。

縁起物となるような人生をうまく影響させて、今世を好転させる、それが一番上手な過去世の利用の仕方なのかもしれません。

第6章

物件との良縁

神様が見つけてくれた物件

変な物件を選びがちな息子との新居探し

私の息子は大人になって何回か引っ越しをしているのですが、どうも良い物件を感知する能力に欠けているようで……お嫁さんと最初に住んだマンションは霊がいる部屋でした（『「神様アンテナ」を磨く方法』という本に顛末を書いています）。

霊がいる部屋を出てから息子の運は徐々に良くなり、ありがたいことに栄転が決まって、転勤することになりました。そこで、ふたたび物件を探すことになったのです。

現地に内見をしに行く1ヶ月前から、息子はネットで物件を探し始めました。内見する当日は私にも来てほしい、と言います。

「俺だけやったら、変な物件を契約してしまうかもしれん」

たしかに！　それは言えている！　十分ありえる！　と思った私は同行することにしました。また変な家に住んで体調が悪くなったら困ります。過去のことがあるので、今回も危ないところに入居しそうな気がしたのです。

当日は現地集合です。物件を見るのは1日だけなので、何がなんでもこの日のうちに決めなくてはなりません。

「当日は家を少し早く出て、筥崎宮《はこざきぐう》の神様のところに寄っておいでよ。いい物件が見つかりますように、って、しっかりお願いするように」

山ほどある物件の中でどれを内見するか……人間にはすべてがわかる能力はないので、こういうご縁のものは神様に探してもらうと良い物件が見つかります。

早朝、息子は筥崎宮に寄ってお願いをし、それから新幹線に乗りました（筥崎宮には物件を探し始めた時からお願いをしています）。現地で落ち合った私と息子はレンタカーを借り、不動産屋さんと一緒にまわるのではなく、物件を自分たちでまわりました。息子は1ヶ月かけてネットで調べあげ、物件を4つにしぼって、現地キーで中を見せてもらえるよう会社から不動産屋さんに手配をしてもらっていたのです。

またたく間に八方ふさがりに

車に乗って、「どっちからまわろうかな～」と息子はしばし考え、「Aから行く」と言います。はいはい、Aからね、ナビは自分で設定してね、と運転して現地に着くと……。これがもう、見るからに「ここはあかん！」という物件でした。建物のそばに行くことすら、バツ！　なのです。

建物の周囲の空間が妙に薄暗く、「魔」が好きそうな波動で、すぐそばに公園があったのですが、その公園も「何か過去に事件があったのでは……」という、どんよりとした暗さでした。

1ヶ月もかけて探して、わざわざここを選んだのか？　と思うと……う～ん、さすが我が息子、ある意味、期待を裏切りません。

「ここはあかんよ」

「えー！　マジで？」

「部屋は見んでええよ、ここは契約せんから」

「でも、ちょっとだけ中を見てみようよ」

息子はどこかに電話をしていましたが、鍵の件がうまく伝わっていなかったようで、

「すぐには見れんらしい。今から手配してくれるって。ここ、最後にする？」

と言います。

「いや、いい。ここは見なくていい。こんなところに入ったら、運が落ちる。絶対にここはあかん」

そう言うと息子は、え〜、そしたらあと3つしか候補がないんやけど……と、ぼそぼそとつぶやいていました。

次に、Bの物件を見に行くと……。ここは、う〜〜〜〜〜〜〜ん、悪くはないけど……私だったら入らない、という間取りです。奥の小さな部屋が、空気がよどむ作りになっているのです。

霊など悪いものはいないので、暮らし方次第で大丈夫だとは思うのですが、やめといたほうがいいけどなぁ、という物件です。しかも収納がビジネスホテルのロッカー？　というくらいの、ありえない狭さでした。1人暮らしでも足りない、という収納なのです。

「冬の掛け布団とかの置き場所がないやん……」

のです。

「床に置くしかないんじゃない？」

「えーっ！」

というか、ハンガーに掛ける洋服以外、荷物は全部、部屋に置くしかないという物件な

「…………」

と、息子は絶句していました。いやいやいや、たくさんある候補の中から4つにしぼる時、間取りを何回も見てるはずやん？　収納スペース、確認してなかったん？　と思いましたが、そのまま言うとキツイので、

「収納の大きさ、確認してなかったん？」

と、マイルドに聞いてみました。

「ん〜〜。したつもりやったけど〜、してないかも」

うわぁ！　相変わらずのおマヌケぶりです。さすが私の息子です。この調子だったら、残る2つもイマイチに違いないと覚悟しました。

ここで、「少し早いけどお昼にしよう」ということになり、レストランに入りました。食事をしていると、息子の電話が鳴ります。Cの物件がついさきほど契約された、という

連絡です。

そんな偶然ありなのか？　と思いました。何日も前から空いていたのに、当日の、それもあと1時間もしないうちに内見に行く予定の物件が契約されたのです。

ああ、そこは入居しちゃダメな物件ってことなんだな、と思いました。最初に見た物件Aもそうです。鍵の手配がうまくいかなくて入れなかったのは、入るな、ということだったのでしょう。

普通の人だったら落ち込む状況ですが、根がポジティブな息子は「Dが本命だから」と明るく前向きでした。残るひとつの物件Dはとてもオシャレなマンションらしく、予算を2万円オーバーするけど理想的なマンションだから、ここがいいと思う、と言うのです。

食事を終えて、「デザートも食べよう」となり、メニューを持って来てもらったのですが、ちょうどお昼時になったため、ランチのお客さんがドドドーッと入って来て、店内はごった返しています。デザートを頼んだらものすごく時間がかかりそうだったので、あとでどこかでお茶でもしよう、とレストランをあとにしました（これが大正解でした）。

そこから30分ほど車で走って、物件Dに到着しました。コインパーキングに車を置いて、Dマンションのエントランスに入った、まさにその時でした。息子の電話が鳴ります。

「えええーっ！　本当ですか！」

大絶叫した息子に電話の内容を聞くと、たった今、Dの部屋が契約された、というのです。

なんと！　内見をしようと、その物件のエントランスに入った、ちょうどその時に部屋が埋まってしまったのです。これはもう、絶対にありえない……というシチュエーションです。神様が「ダメ」と言っているとしか思えませんでした。

こうして、息子が選びに選んだ4つの候補のうち、2つは見る前に埋まってしまい、ひとつは完全にありえないので、見なくても除外です。残るひとつは間取りも収納もダメダメなB物件です。

この日に必ず決めなくてはいけないのに、お昼の12時半をまわった時点で、4つあった候補のうちの3つがボツ、残るひとつも「どう考えても収納が無理」という、非常にまずい状況になりました。絶体絶命のピンチです。

写真を見た瞬間に口から出た「そこ、行きますっ！」

私も息子もスマホしか携帯していなかったので、短時間で大量の物件を検索するのは困難です。そこで息子は会社に連絡を入れました。その結果、新しく勤務する支社の一室で検索をさせてもらえることになりました。

私と物件をまわっていることを上司は知っているので、一緒にどうぞ、と言ってもらえたのですが……。うわぁ……息子の会社に行くのはどうなん？　と冷や汗が出るような気持ちになりました。気まずいし、ちょっと嫌かなぁ……と。

私の曇った顔を見て息子も気を遣い、「一緒に行きたくなかったら、お母さんだけ待っててもいいよ」と言います。

ん〜〜〜〜〜〜〜〜〜〜〜〜〜〜〜〜〜。ぜひ、そうしたい！　気を遣う堅苦しい場所には行きたくない……。しかし、この息子を1人で行かせると……またロクでもない物件ばかり選んできそうです。ここは逆に絶対的な信用があります。難がある物件をキチンと選んでくる、という……。

「いや、やっぱ、一緒に行くわ……」

ということで、ついて行きました。

会社に到着して2人で挨拶をし、応接室に通してもらって、上司と息子が一緒にパソコンを見ながら検索をします。息子の意見を聞きながら、上司がパソコンの操作をしています。

私は息子の後方にあるソファに座って画面を一応見ていましたが、モニターが遠いのでよく見えません。でも、2人の会話の内容から大体わかるので黙って聞いていました。

地域を決め、家賃の幅を決め、間取りを決めて……そのあたりで一覧を出し、なんだかんだと話をして候補を決めていくのですが、バスと電車の両方を使うところは上司が外していました。通勤がしんどくなるから、という理由です。

「築年数にこだわる？」

「はい！　10年以内でお願いします！　できれば5年以内がいいです」

うわぁ、おバカー！　そこは、今こだわるとこちゃうやろ、切羽詰まったこの場面でー！　と思いましたが、上司の前です。口から出そうになった言葉をぐっと飲み込み、我慢しました。

物件が少ないんだよね～と、探し始めの頃に息子が言っていた言葉の意味がここでわかりました。条件が厳しかったのです。リノベーション・リフォーム済みだったら、キレイだから大丈夫だってば～、と言いそうになるのを必死で抑え、ひたすら貝になります。

「ここなんかいいんじゃないの？　あ、ダメだね、築13年だ」

「はい。10年以内がいいです」

「こっちは？　でも1階だね〜、ダメだね」

「1階でもいいです」

いいわけないだろー！　お嫁さんがいるんだから、侵入しやすい1階はダメー！　と心の中は大絶叫ですが、頑張って涼しい顔を保ちました。

「ここなんかどう？　広いよ？」

「いいですね、ここ、見に行きます」

「あ、ダメだ、バス使わなきゃいけないから」

と、いうふうに、話が進んでいきます。

「ここは？　駅から近いよ？」

「でも、築16年ですから……」

「築16年だねぇ」

「はい……」

後ろから遠目にモニターを見ていた私は、その物件の外観写真がチラッと見えた瞬間に、

なぜか、「ここは！　行かねば！」という気持ちになりました。遠目に見ているので、詳細は何もわかっていません。それなのに、

「そこ、行きますっ！」

と、口から言葉が勢いよく飛び出していました。自分でもビックリです。

上司と息子が同時に振り向きます。2人とも「は？」という顔です。今まで静か〜に、黙っていたのですから、いきなり、張り切って発言されたら驚くのは当然です。しかも、上司の意識では、「お母さんは運転手」という位置づけで、さらに住むのは息子とお嫁さんですから、私が口をはさむのはおかしい話なのです。

「え？　こ、ここ？　ここ行きます？」

と、上司はすでに次の物件に進んでいた画面をあわてて戻し、

「じゃ、ちょっと印刷して出してきますね」と言ってくれました。息子は、「え〜、ここ？」という複雑な顔をしていました。

その後もなんだかんだと選び、最終的に4つ候補を決めたところで、息子と私はふたたび物件まわりをすることになりました。時間はすでに午後3時になろうとしていました。

神様にお願いすると最良の物件に導いて下さる

結果から言うと、「そこ、行きますっ！」という言葉が、思わず口から飛び出したマンションに決まりました。

息子が選んだのは、線路脇で細い路地の突き当たりにあり、夜、女性が1人で歩くのは危ないという場所にあるマンション、バルコニーの位置と手すりが低すぎるため目の前の駐車場から入りたい放題の1階のマンション、周辺が工場ばかりで昼間でも人通りがまったくない地域にあるハイツ、の3つでした。見事に全滅だったのです。さすが我が息子、と逆の意味で褒めたくなりました。

決まったマンションは10階で、駅から徒歩5分という近さでした。部屋の中に入ると、空間が非常に明るく、あたたかく、芽吹くような「気」がありました。この部屋は「運がひらけていく物件」だったのです。ああ、ここが……筥崎宮の神様が選んでくれた物件なんだ、とすぐにわかりました。

築年数にこだわっていた息子ですが、「築16年なのにキレイやん！」とリフォーム済みの部屋に満足していました。間取りも良く、立地も良く、運気上昇のオマケまでついた、文句をつけるところがないという物件だったのです。結果から見ると、本当にギリギリで良い物件に決まりました。

この物件探しから数年たった現在、わかったことは、この部屋はまさに運気上昇を助ける部屋でした。というのは、息子夫婦はこのマンションに住んでいた時に子どもを授かりましたし、仕事のほうもきわめて順調で、すべてがうまくまわっています。

神様にお願いをしておくと、このように不思議な現象が普通に起こります。うまく導いて下さっているのです。

加えて言っておきますと、息子が物件巡りに私を呼んだのも神様のお導きでした。息子だけだったら、築16年ということで良い物件を候補から外していたからです。神様にお願いをすると、見えない力で最良の物件に導いて下さるなぁ……と、改めて思ったお話でした。

良くない土地の影響を避ける

「魔」の世界に繋がっているマンション

東京に来てから少しして、元夫が引っ越しをすることになりました。霊がいるような部屋を借りてしまったら困ると言うので、物件探しに付き合いました。

元夫が候補に選んだ物件を内見前に確認したのですが、その中に3階建てのマンションがありました。デザイナーズマンションなので、写真で見るととてもオシャレです。

「う〜ん、しかし、ここは外観がちょっと……」

黒っぽい色の建物なので、全体的になんだか暗い……という印象なのです。黒が悪いというわけではありませんが、「ここは、見に行ってはいけないところなのでは……」と思いました。

不動産屋の人と3人で内見に行き、現地に着いて車を降りると……土地が良くないことが明確にわかります。地面の下にどんよりとした妖気が漂っているのです。しかし、不動産屋の人がいるので、それを口にするわけにはいきません。

理由はわかりませんが、とにかく土地の波動が低いのです。駐車場から歩いてマンションが目に入る場所まで来ると、建物の周辺に明らかに良くない「気」が流れているのが見えます。マンションの空間が、ホールと言いますか、ぽっかり口を開けているような感じになっているのです。「魔」の世界に繋がっているホールのようです。

元夫に霊感はありませんが、さすがに何かを感じているのか、ここで急に無口になりました。不動産屋の人に案内してもらっていたので一応内見しましたが、2人だけだったら絶対に入っていなかったと思います。

「あのマンションどうやった？」

と、不動産屋から帰る時に元夫が聞いてきたので、こんなんだったよ、と説明をすると、

「やっぱりっ！！！！！」

と、ビックリマークを5個ほどつけて叫びます。え？　何？　何か感じたん？　と聞く

と、元夫はマンションに近づくにつれて頭痛がし始めたと言います。

あれ？　なんだか頭が痛いな、と思っているうちに、猛烈に痛くなったそうです。マンション内に入ると、死にそうなくらいの頭痛になり、その時に「何かが乗っかった」と感じたと言うのです。体がずっしりと重たくなって、なんとも言えない気分になったそうです。

激しい頭痛は内見を終えて不動産屋さんの車がマンションから離れると、徐々にやわらいでいき、かなり走ったあたりでやっと消滅した、と言っていました。

帰宅した元夫は、自分に乗っかった霊が何者なのかを調べていて、「ひ～！」と凍りついていました。内見した黒いマンションのすぐ近くにあるマンション（間には一軒家が数軒ありました）で、首吊り自殺があったらしいのです。

その反対側にあった近くのマンション（こちらも間には一軒家が何軒かありました）では、飛び降り自殺があったそうです。

とても狭い範囲で、自殺が2件です。その2軒のマンションを線で繋ぐと……ど真ん中にあるのが黒いマンションだったのです。自殺をした人たちは、何か土地の影響を受けたんじゃないかな、と思いました。それくらい良くない場所だったのです。

「あんなとこに住むん無理や……」と、元夫はしみじみと言っていました。

ほ〜、なるほど〜、と、ここで私は新たな発見をしました。憑依体質の人は自分に霊が乗っかってくるので、それで判断できることもあるのです。良い物件はわからなくても、最悪な物件はちゃんと避けることができるのだな、と思いました。

悪い影響を受けやすい土地とは

そこに住むと、体調に影響が出る、運が下降していく……と聞いて、皆様が真っ先に思い浮かべるのは、古戦場跡や刑場跡ではないかと思います。血なまぐさい合戦があったからとか、無実の罪で処刑された人がいたに違いない、その恨みで……と想像されるのではないでしょうか。

古戦場から言いますと、関ヶ原の地に実際に立ってわかったのですが、古戦場跡だから悪いということはありません。合戦場は一律にそのあたりすべてが悪い、ということではないのです。もちろん良くないエリアもあります。でも、そうではないエリアも広くあるのです。

過去にそのエリアと言いますか、その一区画内で何が起こったのか、亡くなった人がいたら、どのような亡くなり方をしたのか、どんな念を抱えて亡くなったのか……など、〝その土地の上で〟起こった過去の出来事によって差が出ます。

ですから、古戦場跡といっても、住んでも全然影響がない、まったく気にしなくても大丈夫、というエリアもあるわけです（すべてがそうではありません）。

ただ、「首実検の場」だけは特別で、ここは明らかに良くないです。首実検とは負けたほうの武将の首を、勝利した側の総大将が1つ1つチェックをすることです。

負けた武将たちは首だけになっても、討ち取られたことが無念でくやしくて仕方がなかったようで、ものすごい念を放っているのです。それは殺されたからではなく、首を取られたくやしさ、首実検をされた屈辱、そこに強い怒りがあるようです。強烈な念が時を超えてもまだ渦巻いていますから、そのような場所の上に住むと良くない影響があります。

刑場跡も首実検場跡とほとんど同じ波動を持っていますが、刑場は河原だったところが多いため、住宅地の真ん中にはあまりないように思います。もしも、例外的にあったとしたら、その上に住むのはやめたほうがいいです。

昔は墓地だった、という土地もやめたほうがいいです。墓じまいのやり方によっては、その上に住むと障りが出ることがありますし、無縁仏となっているお墓は更地にしたあともちょっと厄介だからです。

山を切り崩して宅地造成をしたような場所は、お墓に気づかず、整地をしている可能性が無きにしも非《あら》ずで、こちらもその影響があったりします。

私は山の奥深くまで取材に行くことが多いのですが、昔の人は山の中にひっそりとお墓を1基だけ建てていたりします。現代のように「ここはお墓ですよー！」とひと目見てわかる墓石ではありません。

小さな石仏だったり、小さな石碑だったり、ごく普通の石が墓石だったりするのです。そばまで寄って行って、やっと「ああ、お墓なんだ」とわかるものが少なくないです。そのようなお墓で、しかも古かったりもしますから、気づかないで宅地造成をしてしまう可能性が高いように思います。

沼を埋めた土地、井戸を埋めた場所などは何も気にしなくてもいいところがほとんどですが、中には大きく影響を受けるところがあります。

ここでいう沼とは範囲が狭くて水深の浅い湿地のことです。水の透明度が低く、泥地である水場は幽霊が好む場所なのです。幽霊はのどが渇くので夜になると水を飲みに行きます。清い水よりもどんよりとした水を好むため、このような水場には幽霊が集まります。

長い期間、幽霊のたまり場になってしまった沼は幽霊のせいで波動が低くなっているので、いくら埋めていてもその上には住まないほうがいいです。幽霊の水飲み場になっていない沼だったらなんの問題もありません。

井戸は昔の人がそこに神様を祀っていた可能性があります。昔の人は火を使うところや水が出るところにはすべて神様がいると信じていたからです。

それは神社から勧請をしたというような由緒正しい神様ではなく、民間信仰のような神様です。ご神体となるものをちょっと置いて、手を合わせていたとしたら、本当にどこかの神様が宿っていたことが考えられます。

このような形で信仰されていた神様は、神格が高くないことが多いので、もしも正しく魂抜きをせずに井戸を埋めていたとしたら良くないです。上に住むと障りがあるかもしれません。

土地の悪影響を避けるための家の探し方

住む建物、土地に関しては、人間の念、幽霊などの因縁の他に自然の影響もあります。「土地」は、違う言い方をすれば「地殻」であり、地球という天体の固体部分の表面です。ご存じのように地球は霊的エネルギーに満ちた天体です。そのエネルギーは地球内ならどこもすべて均一というわけではありません。強いところと弱いところがあります。エネルギーが非常に強い、エネルギーの質がとても良い、エネルギーの量が多い……そこが俗に言うパワースポットです。

それとは逆に、地球の霊的エネルギーが驚くほど弱いところ、少ないところも同じように存在しています。逆パワースポットですね。そのような場所は「魔」に好まれます。ですから、「魔」をくっつけた人、「魔」の世界に傾いた心根の良くない人などがそこに集まります。そのせいで、その一区画の波動が下がっています。このように避けたほうがいいところがあるので、契約前に周辺の様子をよく観察することが大事です。

家を探す時は、まず、自分がわかる範囲で良くない影響を受ける〝可能性〟を排除します。古戦場跡だったとか（古戦場は悪くない場所もありますが、良くないところに当たる〝可能性〟があるため避けたほうがいいです）、墓地や沼地を埋め立てたところ、事故物件などです。

地球の霊的エネルギーが弱い場所も避けます。ここには「魔」が集まっているため、それが目印です。周辺の環境や雰囲気を〝感覚で〟判断します。

このように自分でわかる悪そうなところは避け、あとはラッキーな場所に当たるように、神様にお願いをするしかありません。霊的に見えない部分は、人間ではどうしようもないからです。

たとえば東京都で物件を探す場合、神様ならサッと見渡して「ああ、ここに良いスポットがある」と即座にわかります。それが何ヶ所かあって、その中で近々、引っ越しをしそうなところを見つけ、そこにうまく入居できるよう〝その時点から〟調整を始めてくれます。

ですから、神様にお願いをして1〜2ヶ月過ぎたあたりで、新しく空いた物件から探すと良い物件に当たる可能性が高い、というわけなのです。

事故物件を内見してわかったこと

日当たりはいいのに暗く感じた部屋

最後に事故物件について書いておきます。

東京での引っ越しで、元夫が物件探しをしていた時のことです。あるマンションを見に行くと、明るくて日当たりも良く、悪いものなど一切いないという、とても暮らしやすそうな部屋でした。しかし、エントランスの右側面がものすごーく暗かったのです。

マンションに到着した時も、内見をして帰る時も、「あれ？　いきなり曇ったん？　雨？」というくらい、暗～く見えました（その日はお天気の良い日でした）。夕暮れ時に近い暗さだったのです。

そして、見た感じが「寒い」のです。表現が難しいのですが、目で見たその場の「気」が、「寒い」んですね。

おかしいな〜、と思っていたら、元夫があとから調べて「飛び降り自殺があった物件やった……」と言っていました。その現場はエントランス側の部屋ではなく、右側面にある部屋だったそうです。

それから、こちらは別の物件です。階数を書くと差し障りがあるので、仮に10階建てのマンションだとします。その5階と、9階を内見しました。

最初に5階を見たのですが、なんだか妙にどんよりと薄暗いのです。ちょっぴり空気がよどんだような、なんとも言えない薄暗さです。しかし、霊がいるわけではありません。そこで何かがあったようにも思えない、普通の部屋なのに……変に薄暗いのです。

「ここはナシだな」と思って、9階へと行きました。9階の部屋は入った瞬間に「！」と驚きました。中が日暮れの暗さだったのです。

お天気は良いし、ベランダ越しに日光がサンサンと入ってきていましたから、暗いはずがないのです。けれど、部屋の中は日暮れ時のようで、そろそろ明かりをつけないと何も見えない〜、というくらい、暗かったのです。

「なんだか、変に暗くない？」

「暗いよね？」

「なんでこんなに暗いん？」

と、しつこく言うと、元夫も不動産屋の人も、「？？？」という顔をしています。

「なんでこんなに暗いんやろ？」

「いや、全然」

と、元夫が言います。

「えっ！」

今度は私が「？？？」でした。どうしてこんなに暗いのに、暗くないと言えるのか……。

「床がさきほどのお部屋より少し濃い色だからじゃないですか？」

不動産屋の人が明るく言って、

「そうかもしれませんね〜」

などと元夫も言うのですが……そんな感覚的なものではないのです。もう本当に、夜になる直前の暗さで細部がよく見えない、明かりをつけてほしい、という暗さでした。でも部屋には、霊などはいません。ただ、若干空間が歪んだような感じはありました。

これもその後、元夫が調べたところ、なんと！　そこは殺人事件があったマンションだったのです。新聞にも載っていて、事件があったのは7階だったと判明しました（階数は変えてお伝えしています）。

そこで私が「へぇ〜」と思ったのが、階数です。

7階で事件があったので、被害者の血液は排水管を通って、下の階に流れています。どう考えても、下の階のほうが影響が大きいはずなのに、逆なのです。上の階のほうが受ける影響は大きいのです。5階よりも9階のほうがはるかに暗く、尋常ではない、とわかる部屋でした。

実際にこの部屋に住んでいないので、事件があった部屋じゃなくても、体調や運勢に影響があるのかどうかはわかりません。もしかしたら……ただ「暗いだけ」かもしれないです。でも「殺人」という事件が同じ建物内であったことによって、「場」が歪んでいるので、普通に暮らせるのかどうか……疑問に思います。

物件を見に行って、自分には霊感がないと思っている人でも、ふと「あれ？　暗いかも？」と思ったら、またはそう感じたら、その物件はやめたほうがいいと思います。東京は駅などでも「暗いなぁ」と思うことがあるので、霊の影響が強い場所が多いのかもしれません。

引っかかる点があるのは「やめなさい」のサインかも

その後もいくつか物件を見て気づいたことがあります。

「うわぁ、ここはあかんわ」という物件は私には暗く見えます。なんとなく暗いのではなくて、「電気つけてほしいわ〜」と思うくらい実際に目で見て暗いのです。

元夫は何も感じていないのかと思っていましたが、元夫も感知していることがわかりました。彼は私と違って、天井が低い、と感じるようなのです。

とあるマンションを見に行ったのですが、汚れた川のすぐ横に建っていて、周辺の環境が最悪でした。建物はそう悪くはないのですが、土地が悪かったのです。江戸時代に問題があった土地のようでした。

私にはやはりどんよりと薄暗く見えましたが、元夫は、

「なんか天井が低ない？」

と言うのです。

「普通だけど？」

「いや、低いような気がする……」

元夫は天井が低い圧迫感のある部屋が嫌いなのです。天井が低いからここはやめとく、と言うのを聞いて「ん？」と気づきました。

たしか飛び降り自殺があったマンションでも天井が低いなー、と言っていたのです。殺人事件があったマンションも、窓から外を見た時に、ちょっと天井が低いような気がする、と言っていました。

つまり、本人が嫌がって契約をしないように、守護霊が働きかけているか、ご縁のある神仏が教えているのです。霊がいるところは自分に霊が乗っかるので、頭が痛いとか、気分が悪いとかでわかります。霊がいない部屋だけど入ってはいけないところは霊が乗っからないので元夫にはわからないわけです。そこで守護霊か神仏が働きかけて嫌がるようにしているのでした。

ですから皆様も、なんだか引っかかる点がある……というところがあったら、契約するかどうか慎重に考えたほうがいいと思います。それは守護霊が必死で止めているのかもしれませんし、ご縁を下さっている神仏が止めてくれているのかもしれません。

おわりに

読者の皆様からいただくメッセージやお手紙には、その方の体験が書かれているものがあります。神社に行ったらこんなことがありました、こんなふうに思いましたというその内容は、私にとって学びになったり、「見習わなくては」というお手本になったりします。

そこには神仏への「感謝」の気持ちがたくさん詰まっているのです。読んでいると、その方の感謝の気持ちが文章からふわ〜っとあふれてきて、私の周囲がほんのりあたたかくなるくらいです。

内容は、神社仏閣に参拝してそこでいくつかの歓迎のサインをいただいたり、ほっこりする光景を神仏に見せていただいたりして、そのことに深く感謝をしているというものです。神仏の前でしみじみと感謝をしているその場面、その瞬間は、その方が幸せであるということも伝わってきます。

そのようなメッセージやお手紙を読ませていただくたびに、私が神仏修行をしていた時は、この「深い感謝」という質の高い感情はなかったな〜と思います。嬉しい！　楽しい！　神様仏様が大好き！　と、そのような気持ちは強くありましたが、心の底から深〜

くじっくりと感謝をする……というのは、なかったように思うのです。

少し古いのですが、24時間をリアルタイムで描くというアメリカのドラマがありました。世界中で大ヒットして、続編が次々に出ました。1話1話が面白くて、早く次が見たい！と、寝る時間を惜しんで、とりあえず先を知りたい一心で急いで見ていました。

シーズン3とか4のあたりで友人たちと話をしていたら、見たことがないという人がいて「うわ〜、いいなぁ」と思ったことがあります。最初からゆっくり見られるからです。落ち着いてじっくり見ればもっと楽しめたのに……と、自分の鑑賞の仕方をちょっぴり残念に思っていたので、そのような感想を持ちました。

神仏修行も同じです。歓迎のサインがわかったら、きゃ〜、嬉しい！　よし、次はもっとわかるようになるぞー、と、次へ次へと急ぐ……言ってみれば、私の修行の仕方は前のめりになった部分がありました。ですから、見落としたり、抜けているところもあっただろうと思います。

神社仏閣でいろんなことを感じる神仏修行を、セカセカと慌てることなく、早く早くと急がず、ゆっくりと深い感謝を持って、確実に進められている皆様は、崇高な修行の仕方をしていると言っても過言ではありません。バタバタと駆け足でする修行とは違うのです。

私はそこに戻って、もう一度最初からすることができません。ですから、皆様には今のその時期を大切にされたほうがいいですよとアドバイスをしたいです。神社仏閣参拝を心から楽しむ、その機会を与えてくれた神仏に、また歓迎のサインをくれる神仏に深く感謝をする、神域で感じられるものをじっくり楽しむ、「ああ、今のこの瞬間の自分は幸せだな」とにこやかに思う……その心は神仏に一番喜んでもらえるものです。

メッセージやお手紙でそのような体験を読ませていただくたびに、読者さんは素敵な神仏修行をなさっているのだな～、としみじみ思います。

お気づきではない方がいらっしゃったらもったいないので、ちょっと書いてみました。どうかその素晴らしい修行をやめることなく続けられますように、という言葉をお贈りして、本書の結びといたします。

桜井識子

ブックデザイン　小口翔平＋喜來詩織（tobufune）
カバーイラスト　はしのちづこ
ＤＴＰ　美創

桜井識子　さくらい・しきこ

神仏研究家、文筆家。一九六二年広島県生まれ。霊能者の祖母・審神者の祖父の影響で霊や神仏と深く関わって育つ。千以上の神社仏閣を参拝して得た、神様仏様世界の真理、神社仏閣参拝の恩恵などを広く伝えている。神仏を感知する方法、ご縁・ご加護のもらい方、人生を好転させるアドバイスなどを書籍やブログを通して発信中。『神様、福運を招くコツはありますか？』『神様が教えてくれた金運のはなし』『桜井識子の星座占い』（すべて小社）、『死んだらどうなるの？』（ＫＡＤＯＫＡＷＡ）、『和の国の神さま』（ハート出版）、『あなたにいま必要な神様が見つかる本』（ＰＨＰ研究所）、『神様と仏様から聞いた 人生が楽になるコツ』（宝島社）など著書多数。

桜井識子オフィシャルブログ ～さくら識日記～
https://ameblo.jp/holypurewhite/

神様が教えてくれた縁結びのはなし
直接きいてわかった良縁あれこれ

２０２０年３月５日　第１刷発行

著者　桜井識子
発行人　見城徹
編集人　福島広司
編集者　前田香織
発行所　株式会社 幻冬舎
〒一五一-〇〇五一 東京都渋谷区千駄ヶ谷四-九-七
電話　〇三（五四一一）六二一一（編集）
〇三（五四一一）六二二二（営業）
振替　〇〇一二〇-八-七六七六四三
印刷・製本所　中央精版印刷株式会社

検印廃止

ISBN978-4-344-03579-9 C0095
幻冬舎ホームページアドレス https://www.gentosha.co.jp/
この本に関するご意見・ご感想をメールでお寄せいただく場合は、comment@gentosha.co.jpまで。